Kurt W. Koeder | Tobias Koeder
Mitarbeiterführung – Leading People

Kurt W. Koeder | Tobias Koeder

Mitarbeiterführung – Leading People
Pragmatische Instrumente

2., überarbeitete und erweiterte Auflage

Tectum Verlag

Aus Gründen der besseren Lesbarkeit wird im Folgenden auf die gleichzeitige Verwendung weiblicher und männlicher Sprachformen verzichtet. Sämtliche Personenbezeichnungen gelten gleichermaßen für alle Geschlechter.

Kurt W. Koeder | Tobias Koeder
Mitarbeiterführung – Leading People
Pragmatische Instrumente

© Tectum Verlag – ein Verlag in der Nomos Verlagsgesellschaft, Baden-Baden 2020

ISBN: 978-3-8288-4424-7
ePDF: 978-3-8288-7434-3

Druck und Bindung: docupoint GmbH, Barleben
Printed in Germany

Alle Rechte vorbehalten

Besuchen Sie uns im Internet
www.tectum-verlag.de

Bibliografische Informationen der Deutschen Nationalbibliothek
Die Deutsche Nationalbibliothek verzeichnet diese Publikation in der Deutschen Nationalbibliografie; detaillierte bibliografische Angaben sind im Internet über http://dnb.d-nb.de abrufbar.

Inhalt

Vorwort	1
1. Mitarbeiterführung – einige ausgewählte Lebensweisheiten aus Alltag und Unternehmen	7
2. Führung – grundlegende und abgrenzende Gedanken	11
3. Mitarbeiterführung	17
3.1 Definitorische Hinführung	17
3.2 Mitarbeiter- und Führungskompetenzen	25
3.3 Kompetenzmodelle in der Praxis	34
4. Ausgewählte, pragmatische Führungsinstrumente und -prinzipien	49
4.1 **Anerkennung durch Lob**	49
4.1.1 Lernen von den Erziehungswissenschaften	49
4.1.2 Lob und Wertschätzung im Unternehmen	52
4.1.3 Einige Grundsätze für effizientes Loben	54
4.1.4 Eine kleine „Lob-Regelkunde"	61
4.2 **Management by Walking Around**	67
4.2.1 Mitarbeiter steht im Vordergrund	67
4.2.2 Vorgesetzte zum „Anfassen" gewünscht – soziale Bestätigung entfrustet	69
4.2.3 Führungsverhalten und Image muss gelebt werden	72
4.2.4 Rhetorische Pflichtübungen schaden, der Gruß/ die Anrede, darf nicht zur Floskel werden	77

4.2.5	Kommunikation geht in beide Richtungen – Neue Gegebenheiten am Arbeitsplatz	80
4.2.6	Selbst kleinste Erfolgserlebnisse sind wichtig	83
4.2.7	Anregungen zum Nachdenken	85

4.3 Management by Laughing and Fun — **95**

- 4.3.1 Philosophische Wurzeln — 95
- 4.3.2 Generelles zum Thema „Lachen und Spaß" — 98
- 4.3.3 Lachen entspannt und schafft eine meditative Pause — 101
- 4.3.4 Spaß und Humor am Arbeitsplatz – Grundsätze einer Lachkultur — 104
- 4.3.5 Der kürzeste Weg zwischen Menschen ist ein Lächeln — 110

4.4 Mitarbeiterumfrage – Führungsinstrument für mehr Mitarbeiterinteressen — **118**

- 4.4.1 Wissenswertes zur Mitarbeiterbefragung — 118
- 4.4.2 Aufgaben von Mitarbeiterbefragungen — 120
- 4.4.3 Befragungstypen, Erhebungsmethoden und Befragungsfelder — 122
- 4.4.4 Gute Planung trägt maßgeblich zum Erfolg bei — 125
- 4.4.5 Anwendungserfahrungen und Nutzen — 129

4.5 Mitarbeitergespräch als Beratungs- und Fördergespräch – Führungsinstrument für mehr Mitarbeiternähe — **137**

- 4.5.1 Wissenswertes zum Einstieg — 137
- 4.5.2 Nutzen/Vorteile des Mitarbeitergespräches — 142
- 4.5.3 Dies gilt für die Umsetzung — 146
- 4.5.4 Feedback geben und nehmen — 158
- 4.5.5 Abschließende Anregungen und Anmerkungen — 164

4.6 Führungsgrundsatz „Vertrauen" — **170**

- 4.6.1 Ganz im Vertrauen ... — 170
- 4.6.2 Vertrauen ist gut, Kontrolle ist besser? — 172
- 4.6.3 Vertrauen gewinnen und zerstören — 174
- 4.6.4 Resümee und Handlungsmaximen — 179

4.7 Die Kunst des „Zuhörens" — **184**

- 4.7.1 Hören und Zuhören — 184
- 4.7.2 Einige Grundsätze für die Kompetenz „Zuhören können" — 185
- 4.7.3 Zusammenfassung und Fazit — 192

4.8 Fordern und Fördern – Personalentwicklung — **199**

- 4.8.1 Einordnung und Abgrenzung — 199
- 4.8.2 Personalentwicklung – Ziele und ableitbare Aufgaben für die Beteiligten — 202
- 4.8.3 Konzeption und Maßnahmen — 207
- 4.8.4 Ergebnis — 209

5. Ausblick und Denkanstöße — **215**

5.1 Messbarkeit von Führung und Führungspersönlichkeit — **215**

5.2 Neue Aufgaben, neue Strukturen, neue Herausforderungen, neue Führung? — **219**

5.3 Digitalisierung, künstliche Intelligenz und Mitarbeiterführung — **226**

6. „Modernes Führungsverhalten" — **235**

Vorwort

> „Personalführung ist nicht die Kunst, den Mitarbeiter
> so schnell über den Tisch zu ziehen, dass er
> die Reibungshitze als Nestwärme empfindet."

In Literatur und betrieblicher Praxis werden eine Vielzahl von Führungsinstrumenten, -methoden, -stile und -grundsätze diskutiert, mit dem Ziel, das Verhalten der Mitarbeiter aufgaben- und zielorientiert zu beeinflussen bzw. zu steuern.

Mitarbeiter „richtig führen" ist eine schwierige Aufgabe im Berufsalltag einer Führungskraft, nicht zuletzt auch deshalb, da die Führungskräfte zum einen die Anforderungen des Unternehmens (Qualifikationen/Kompetenzanforderungen) zum anderen die Ansprüche, Interessen, Neigungen, Bedürfnisse und die Qualifikationen der zu führenden Mitarbeiter in Einklang bringen müssen und dies nicht zuletzt in einer Zeit zunehmender Arbeitsanforderungen und Veränderungen durch z. B. die Digitalisierung, demographischer Wandel, Globalisierung, Internationalisierung und Wertewandel. Gerade die Digitalisierung und mit ihr die Künstliche Intelligenz wird auch die Führungskräfte (Digital Leadership) zukünftig vor neue und veränderte Herausforderungen im Bereich der Arbeit selbst und der Mitarbeiterführung stellen. „Agile Führung" und „virtuelle Führung" als Trends verlangen eine andere, intensivere Nähe zu den Mitarbeitern und dies insbesondere auch in Zeiten von Homeoffice und Teilzeitjobs.

Die Führungskräfte haben dabei die richtigen Bedingungen und Ausgangssituationen zu schaffen, unter denen sich die Mitarbeiter erfolgreich entwickeln können. Schlüsselworte des heutigen Führungsverständnisses sind dabei u. a. mehr Selbstorganisation, Vertrauen und die Mensch-zu-Mensch-Beziehung. Der Vorgesetzte muss seinen Mitarbeitern Freiraum gewähren und sie entfalten lassen, den Sinn ihrer Arbeit vermitteln, Emotionen produzieren, motivieren, kommunizieren sowie Spaß an und Identifikation mit der Arbeit sichern und ihre Wertewelt erkennen. Gesellschaft und Wirtschaft befinden sich in einer großen Transformation. An die Stelle hierarchischer Führungsstrukturen treten Netzstrukturen und die kollegial-selbstorganisierte, agile Führung.

„Führung ist zu wichtig, um sie nur Führungskräften zu überlassen"

ist ein neuer Denkanstoß in der Mitarbeiterführung.

Nachfolgende Beiträge und Anregungen zu einer pragmatischen Mitarbeiterführung halten nicht unbedingt wissenschaftlicher Akzeptanz und Überprüfung stand, es sind „kleine und einfache" Führungsrezepturen, die sich vor allem aufgrund zahlreicher Gespräche mit Führungskräften jeglicher Hierarchieebenen und Kollegen sowie den Ergebnissen vieler empirischer Untersuchungen zur Arbeitszufriedenheit in Unternehmen sowie vieler Vorträge zu dieser Thematik ergaben. Ziel ist es, handfeste und einfach nachvollziehbare, der betrieblichen Praxis und dem Lebensalltag entliehene Ansätze auf die Bewusstseinsebene des Einzelnen zu heben und sie durchaus als situative Ratgeber für den unternehmerischen Führungsalltag zu verstehen. Dabei werden aus den umfangreichen Themen und Inhaltskomplexen des Personalmanagements und insbesondere der Führung von Mitarbeitern Denkanstöße für eine größere Wertschätzung und Anerkennung der Mitarbeiterleistung fokussiert, die relativ einfach in der Umsetzung sind, eigentlich nachvollziehbar und allen bekannt, aber doch nur selten praktiziert werden, da deren Anwendung stark auch vom „Naturell des Vorgesetzten" abhängt. Die Verzahnung der einzelnen beschriebenen Führungsinstrumente kann insgesamt für die Strukturierung des Führungsprozesses im Unternehmen und der HR-Bereiche Hilfestellung leisten. Der deutsche Nobelpreisträger Albert Schweitzer formuliert hierzu für Führungskräfte: **„Ein Beispiel zu geben ist nicht die wichtigste Art, wie man andere beeinflusst. Es ist die einzige."**

Der Umgang mit seinen Mitarbeitern am Arbeitsplatz ist und bleibt etwas Individuelles und auf die Besonderheiten des einzelnen abgestelltes. Es erlaubt keine standardisierten Ansätze, die für alle Mitarbeiter Gültigkeit haben (situatives Führen). Daher sollen die nachfolgenden Beiträge zur Mitarbeiterführung das Bewusstsein schärfen und mit erlebten Erfahrungen zum Nachdenken bewegen, Ideen vermitteln und Denkanstöße für das eigene Verhalten bieten sowie natürlich auch Diskussionen provozieren. In der HR-Literatur wird kaum ein Thema so heftig diskutiert wie die Thematik der Mitarbeiterführung und daran wird sich durch die Digitalisierung und Künstliche Intelligenz nichts ändern.

Obwohl die Unternehmerin Monique R. Siegel hierzu anführt: **„Echte Führer schauen nicht in Führungsbücher, sondern in die Augen ihrer Mitarbeiter."**

Umrahmt wird der Fachtext durch Aphorismen und Lebensweisheiten namhafter Persönlichkeiten insbesondere aus der Wirtschaft, die sich zur Führung generell und zur Mitarbeiterführung und den genannten Führungsinstrumenten geäußert haben. Ein Zitat einer berühmten Person kann durchaus dazu motivieren, eigene Ideen und Überlegungen zu schärfen, präziser zu formulieren und damit zum Nachdenken anzuregen und zum Überdenken des eigenen Führungsverhaltens beitragen. Diese Aphorismen/Lebensweisheiten können ferner den Führungsalltag beflügeln und die Textstellen interessanter machen (www.zitate.de). Die verwendete und empfehlenswerte Literatur ist jeweils am Ende der einzelnen Kapitel aufgeführt.

Vielen Dank an dieser Stelle all jenen, die uns in Gesprächen zahlreiche wertevolle Denkanstöße, Anregungen, Hinweise und eine Fülle von Beispielen insbesondere aus der Führungspraxis gegeben haben. Dies waren einerseits berufsbegleitend Studierende, andererseits Mitarbeiter und Führungskräfte der verschiedensten Unternehmen und zahlreiche Kollegen.

Ingelheim/Wiesbaden 2020 　　　　　Prof. Dr. Kurt W. Koeder
　　　　　　　　　　　　　　　　　　　Dr. Tobias Koeder

1. Mitarbeiterführung – einige ausgewählte Lebensweisheiten aus Alltag und Unternehmen

Ein Aphorismus ist ein Gedanke, ein Urteil, eine Erfahrung, eine Erkenntnis oder eine Lebensweisheit, meist bestehend aus einem Satz. Diese Lebensweisheit formuliert eine besondere Einsicht, rhetorisch kunstreich als allgemeiner Sinnesspruch. So sind wesentliche ethische Einsichten diesen Lebensweisheiten zu verdanken. Aphorismen sind Sinnsprüche und Lebensweisheiten (z. B. Schopenhauer, Nietzsche), sind Zitate von Schriften der Denker und Aussagen namhafter Persönlichkeiten zu bestimmten Bereichen, in unserem Falle zu Themen wie Führung, Mitarbeiterführung, Arbeit, u. v. m. Sie sind meist sehr einprägsam, pointiert formuliert, nachvollziehbar und mit hohem Wahrheits- und Informationsgehalt. Lassen Sie uns mit einigen Bespielen zur Einstimmung beginnen:

„Eine gute Führungskraft gibt jedem Teammitglied das Gefühl, es habe selbst entschieden." (D. Goeudevert)

„A boss says: Go! A leader says: Let's go!" (amerikanisches Sprichwort)

„Führen heißt besser sein, nicht besser wissen." (M. J. Pabst)

„Führung heißt, dadurch erfolgreich sein, dass man seine Mitarbeiter erfolgreich macht." (H. Wohland)

„Geben Sie ihren Mitarbeitern Arbeit, bei der sie ihre Fähigkeiten voll ausschöpfen müssen. Geben Sie ihnen alle notwendigen Informationen. Erläutern Sie ihnen klipp und klar, was es zu erreichen gilt. Und dann – lassen Sie sie in Ruhe." (R. Waterman)

„Ich spreche von Leuten mit Feuer in den Augen: Man braucht sie praktisch bloß anzuschauen, um zu wissen, dass sie gut sind." (I. Iacocca)

„Man muss die Menschen kennen, um Sie führen zu können." (R. von Bennigsen-Foerder)

„Was mich anbetrifft, so zahle ich für die Fähigkeit, Menschen richtig zu behandeln, mehr als für irgendeine andere auf der ganzen Welt." (J. D. Rockefeller)

„Wenn du regieren willst, darfst du die Menschen nicht vor dir herjagen. Du musst sie dazu bringen, dir zu folgen." (Ch. De Montesque)

„Wer führen will, muss lernen, Emotionen zu produzieren." (R. Lay)

„Kapital kann man beschaffen Fabriken kann man bauen, aber Menschen muss man gewinnen." (Ch. von Rohr)

„Der Kontakt zu den Mitarbeitern bildet den Kern der Führungsaufgabe." (E. Strasser)

„Gute Führungskräfte führen auf der Basis von Respekt und Anerkennung." (L. Credo)

„Der wichtigste Erfolgsfaktor eines Unternehmens ist nicht das Kapital oder die Arbeit, sondern die Führung." (R. Mohn)

„In der Gefahr besteht die Schwierigkeit nie darin, Menschen zu finden, die gehorchen werden, sondern Männer, die befehlen können." (G. B. Shaw)

„Vielleicht kennzeichnet nichts die effektive Führungskraft so sehr wie die zärtliche Behutsamkeit, mit der sie ihre Zeit pflegt." (P. F. Drucker)

„Es gibt zwei Arten, Hirte zu sein: Der eine läuft hinter der Herde her, treibt sie an, wirft mit Steinen, brüllt und drückt. Der gute Hirte macht das ganz anders: Er läuft vorweg, singt, ist fröhlich, und die Schafe folgen ihm." (unbekannte Quelle)

„Ich persönlich habe nichts erdacht und nichts erfunden. Ich habe nur Menschen gefunden und dafür gesorgt, dass sie zusammenfinden." (Ph. Rosenthal)

„Führung bedeutet, andere den Wunsch haben zu lassen, etwas zu tun, von dem man überzeugt, dass es nötig ist." (V. Packard)

„Wer fragt, der führt, wer richtig fragt, geht in Führung." (H. Illing)

„Die Ausbildung von Mitarbeitern ist die teuerste Kapitalinvestition, die wir kennen gelernt haben." (P. F. Drucker)

„Ein Hauptzug aller Pädagogik: Unbemerkt führen." (Ch. Morgenstern)

2. Führung – grundlegende und abgrenzende Gedanken

Unbestrittene Tatsache ist, dass eine kompetente Führung eines Unternehmens oder gar eines Landes wie der Bundesrepublik Deutschland einen zentralen Faktor des Erfolges und der Zufriedenheit der jeweiligen Institution und seiner Organisationsmitglieder darstellt. Es gibt hunderte von Büchern und Zeitschriftenbeiträgen, ebooks und Onlinepublikationen u. v. m. mit interessanten Inhalten und gut gemeinten Ratschlägen, Theorien, Instrumenten, Modellen, Untersuchungen und Ansätzen der Führung, aber ihre individuelle Handhabe und die unterschiedlichen Wertvorstellungen machen den Erfolgsnachweis schwierig.

Schon mit der Erschaffung der Menschen entstand ein Führungsproblem, denn wie man andere Menschen beeinflusst, war bereits bei Adam und Eva im Paradies ein Diskussionspunkt. Zielorientierte Verhaltensbeeinflussung als eine Definition der Führung hat die Menschheit schon immer beschäftigt.

Ob in der Bibel, im Koran oder sonst einer Weltreligion, überall werden Führungsregeln und -prinzipien angesprochen, so auch im neuen Testament:

> „Wenn ein Blinder einen Blinden führt,
> werden beide in die Grube fallen."
> (Matthäus 15)

Auch die Griechen und die Römer, die Chinesen und Ägypter sowie viele andere Völker haben sich bereits in der vorchristlichen Zeit mit Fragen der Menschenführung auseinandergesetzt wie z. B. Laotse, ein chinesischer Philosoph des 4./5. Jahrhunderts vor Christus und der Begründer des Taoismus, einer chinesischen Philosophie, Weltanschauung und Religion, soll gesagt haben:

> „Um Menschen zu führen, gehe ich hinter ihnen."

Selbst von namhaften Persönlichkeiten wie Goethe, Schiller, Shakespeare oder Lincoln liegen uns interessante Weisheiten zum Thema Mitarbeiterführung vor. Wer kennt nicht den Ausspruch von J.W. Goethe zu dieser Thematik:

> „Ein edler Mensch zieht edle Menschen an
> und weiß sie festzuhalten."

Mit diesem Ausspruch hat Goethe in besonderem Maße den Geist der heutigen Zeit im Unternehmen in Sachen Mitarbeiterbindung und -identifikation getroffen.

Das Thema Führung ist überall präsent, sei es in der Familie (Erziehung), in der Politik, im Sport, in der Wirtschaft u. v. m. und überall dort, wo es Menschen gibt, die es zu einer bestimmten Verhaltensweise anzuregen gilt. Führung ist aber nicht nur auf Menschen beschränkt, auch in der Tierwelt finden wir vielfältige Möglichkeiten des Einflussverhaltens, z. B. im Rudel, im Revier, in der Herde oder bei Fischen im Schwarm.

Insbesondere Führungsprobleme sind allerorts existenziell, selbst die Frage des Überlebens der Menschheit (Klimawandel und dessen Auswirkungen auf die Folgegenerationen) auf unserem Planeten ist im Moment ein Führungsproblem. Hier ist in besonderem Maße die Politik und jeder einzelne Bürger in seinem Verhalten, z. B. Konsumverhalten, Umweltverhalten, Verbrauch natürlicher Ressourcen, gefordert.

In der Betriebswirtschaftslehre sprechen wir vorab von Unternehmensführung. Dabei bezeichnet dieser Begriff einerseits den Personenkreis, der ein Unternehmen leitet (Unternehmensleitung oder Management), andererseits den Prozess des Führens einer Unternehmung. In diesem Sinne kann Unternehmensführung institutionell (Wer führt?), funktional (Wodurch wird geführt?) und prozessual (Wie wird geführt?) definiert und interpretiert werden. Gegenstand der Unternehmensführung ist die Gestaltung von Organisationen im Sinne von zweckgerichteten sozialen Systemen. Die institutionelle Sicht der Führung von Unternehmen bezieht sich dabei auf eine Person (Geschäftsführer, geschäftsführender Gesellschafter) oder Personengruppe (Mitglieder des Vorstandes), die legitimiert sind, die Organisation zu führen. Die funktionale Sicht steht für Entscheidungen, die für den Bestand und die Zukunft des Unternehmens bedeutend sind wie z. B. die zielorientierte Kombination von

Ressourcen, Personalführung und Verantwortung gegenüber Dritten. Sachfunktionen wie z. B. die Produktion, die Logistik, Investitionen werden durch die Unternehmensführung koordiniert und gesteuert. Unternehmensführung aus prozessualer Sicht beinhaltet ein ganzes Bündel von einzelnen Führungsprozessen wie z. B. Entwicklung von Zielen und Steuerung der Zielerreichung. Aufgabe eines Managers ist dabei die Planung, Durchführung, Kontrolle und Steuerung von Maßnahmen zum Wohl des Unternehmenszweckes und aller daran Beteiligten. Daniel Goeudevert, ein französischer Automanager und Unternehmensberater, meinte:

> „Unternehmensführung ist nicht
> die Beschäftigung mit Gegenwartsproblemen,
> sondern die Gestaltung der Zukunft."

Die Literatur zum Thema Führung (z. B. Neuberger, Malik, Wunderer, Rosenstiel) ist sehr vielfältig, umfassend und auch hoch interessant. So versteht Prof. Wunderer unter Führung eine ziel- und ergebnisorientierte, aktivierende und wechselseitige, soziale Beeinflussung mit dem Ziel der Erfüllung gemeinsamer Aufgaben. Aus historischen Gründen wird im Deutschen nicht unbedingt von „Führer" gesprochen, sondern eher von Manager. Trotzdem ist es zweckmäßig zwischen Führung und Management zu unterscheiden. Kurz zusammengefasst: Führung läuft über Menschen und Kultur, Management über Hierarchien, Systeme und Strategien durch Planung, Organisation und Controlling.

> „Was aber einen guten Manager ausmacht,
> ist die Fähigkeit, andere zu ungewöhnlichen
> Leistungen zu veranlassen."
> (C. N. Parkinson, britischer Historiker des 20. Jh.)

Management ist also nicht ausschließlich Menschenführung, sondern ist das Managen einer ganzen Institution (Unternehmung – Beschaffung, Produktion, Absatz), somit auch die Führung von Organisationen mit Menschen und Professor Malik, ein bekannter Managementlehrer der Hochschule St. Gallen, sagt, es geht auch um die Führung von Menschen in Organisationen.

Verwendete und empfehlenswerte Literatur:

Dillerup, R./Stoi, R.: Unternehmensführung – Management & Leadership, München 2016

Drucker, P. F.: Die Praxis des Managements, Düsseldorf 1998

Götz, D./Reinhardt, E.: Führung: Feedback auf Augenhöhe, Berlin 2016

Hungenberg, H./Wulf, T.: Grundlagen der Unternehmensführung, Berlin 2015

Jung, R. H. u. a.: Allgemeine Managementlehre, Berlin 2013

Macharzina, K./Wolf, J.: Unternehmensführung, Berlin 2018

Malik, F.: Führen, leisten, leben – Wirksames Management für eine neue Zeit, Frankfurt 2019

Malik, F.: Management, Frankfurt 2007

Rosenstiel, L. von u. a.: Führung von Mitarbeitern, Stuttgart 2014

Steinmann, H./Schreyögg, G.: Management, Grundlagen der Unternehmensführung, Berlin 2013

Wunderer, R.: Führung und Zusammenarbeit, Darmstadt 2011

3. Mitarbeiterführung

3.1 Definitorische Hinführung

Die Führung von Mitarbeitern wird heute auch in allen Facetten diskutiert. Die Unterschiede in den Führungsbegriffen und seinen Subformen beziehen sich vor allem darauf, was und wie wir führen, steuern, beeinflussen, helfen, unterstützen usw. So differenzieren wir zwischen Führungsstilen, Führungstechniken, Führungsinstrumenten, Führungstheorien, Führungsverhaltensmodellen, Führungskulturen, Führungsphilosophien, Führungskräfteentwicklung, Anforderungsprofilen, Führungsbeziehungen und neuerdings auch von Digital Leadership, u. v. m., um nur einige Begriffe zu nennen. Meist geht es um die Frage der sozialen Beeinflussung von Menschen, der Einflussnahme auf bestimmte Verhaltensweisen zur Erreichung vorgegebener Ziele.

Diese Dominanz der Führung in allen Lebensbereichen setzt auch Personen/Leader voraus, die führen können, die andere begeistern, motivieren, zur Kreativität anleiten, unterstützen und beraten, entwickeln, delegieren, identifizieren können. Führung muss verstanden werden, Führung sollte auch in bestimmten Punkten lernbar gemacht werden.

Natürlich hat Mitarbeiterführung auch etwas mit Erfahrung im Umgang mit Menschen zu tun, aber Führung von Bürgern in einem Land und Mitarbeitern im Unternehmen ist nicht statisch zu sehen, sondern ständig wandelbar, anpassungsfähig, nachvollziehbar, ehrlich und flexibel (z. B. Generationenmanagement, Demographie). G. B. Shaw, ein Literaturnobelpreisträger, meint hierzu differenziert: **„Manche halten das für Erfahrung, was sie zwanzig Jahre lang falsch gemacht haben!"** und der chinesische Philosoph Konfuzius sprach schon vor rd. 2.500 Jahren über die Führungsqualifikation mit den Worten **„Wer aufrichtig ist, dem vertraut das Volk"** und B. von Clairvaux, ein bekannter französischer Theologe des 12. Jahrhunderts führte insbesondere hierzu für das Thema Führung in der Politik an **„Stehe an der Spitze, um zu dienen, nicht, um zu herrschen"**.

Die Führung von Mitarbeitern/innen ist in allen Unternehmen, ob in klein- und mittelständischen Unternehmen (KMU) oder in Großunternehmen, in Konzernen, gerade heute aufgrund der ständigen Veränderungen und neuen Gegebenheiten ein relevantes Thema. Wer eine Führungsposition im Unternehmen begleitet, wird vor die große Herausforderung gestellt, ein Team von wenigen oder vielen Mitarbeitern/innen zu führen. Dies ist mit hohem zeitlichen Aufwand verbunden und erfordert ein nicht unerhebliches Know-how und bestimmte Anforderungen/Kompetenzen sowie Führungspersönlichkeit und auch ein Stück Charisma. Wird „richtig" geführt, ergeben sich viele positive Effekte, werden Fehler gemacht, entstehen Misserfolge wie z. B. fehlende Motivation und Identifikation bis hin zu Kündigungen und Nichtzielerreichung. Alfred Herrhausen, ein verstorbener ehemaliger Bankmanager und Vorstandssprecher der Deutschen Bank führte als weitere Erfordernis guter Führung an: **„Führung muss man wollen"** und Karlheinz Binder, ehemaliges Geschäftsleitungsmitglied von Burda, meinte hierzu: **„Wer Menschen nicht lieben kann, ist unfähig sie zu führen."**

Der Begriff „Mitarbeiterführung" spricht eigentlich für sich. Er beinhaltet die Führung von Mitarbeitern durch eine Führungskraft, einen Leader. Von Menschen, die sehr unterschiedlich sind hinsichtlich ihres Verhaltens, ihrer Qualifikation, ihrem Alter und Geschlecht, ihrer Sozialisation, ihren Einstellungen und Werten, ihren Lebens- und Arbeitszielen. Prof. Scholz definiert Mitarbeiterführung als zielorientierte Beeinflussung des Verhaltens und auch der Einstellungen der Mitarbeiter durch einen Vorgesetzten, eine Führungskraft. Personalführung gehört dabei zum Tätigkeitsbereich jedes Vorgesetzten mit Personalverantwortung. Wunderer beschreibt Mitarbeiterführung als zielorientierte, soziale Einflussnahme durch den Vorgesetzten zur Erfüllung gemeinsamer Aufgaben, für Neuberger bedeutet Führung, andere Menschen zielgerichtet zu bewegen. In beiden Definitionen findet Mitarbeiterführung in einem sozialen Kontext statt und ist auf eine bestimmte Art der Beeinflussung von Menschen zurückzuführen, ferner wird auf ein zu erreichendes Ziel verwiesen, das den Mitarbeitern vor Augen geführt wird. Beeinflussung vollzieht sich hierbei primär durch fortwährende verbale Kommunikation in Form von Gesprächen z. B. Mitarbeitergespräche (Kommunikationsinstrument).

Dabei formuliert der bekannte deutsche Benediktinerpater Anselm Grün dies wie folgt:

> **„Führung ist die Kunst, den Schlüssel zu finden, der die Schatztruhe des Mitarbeiters aufschließt."**

Gute und erfolgreiche Mitarbeiterführung beinhaltet immer, dass das zu führende Team respektiert und geschätzt wird.

In einer Zeit des Wertewandels und permanenter Veränderungen (Changemanagement), haben sich natürlich auch die Einstellungen, die Interessen, Neigungen und Bedürfnisse der Menschen zur Arbeit, zum Arbeitsleben ständig angepasst. Gerade gesellschaftliche Werthaltungen und der Wechsel in den Generationen sowie die demographische Entwicklung beeinflussen heute stark die Beziehungsgestaltung am Arbeitsplatz. Work-Life-Balance (Entfaltungsmöglichkeiten des Einzelnen in den verschiedensten Lebensbereichen wie Ausgleich: Arbeit, Freizeit, Familie) und der zunehmende Wertepluralismus (Wertevielfalt in den Unternehmen durch die Globalisierung) sowie die Bestrebungen einer multikulturellen Orientierung u. v. m. sind aktuelle Entwicklungstendenzen, die insbesondere die Führung von Mitarbeitern im Unternehmen determinieren und beeinflussen.

Mitarbeiter möchten heute anders geführt werden, als noch vor Jahren. Dabei können Erfahrung und bestimmte autokratische Rezepte wie z. B. „Anordnen und Ausführen", „Befehl und Gehorsam" beim einen oder anderen Mitarbeiter behilflich und in Einzelfällen vielleicht auch notwendig sein. Heute muss aber mehr Augenmerk auf Beteiligung an betrieblichen Entscheidungsprozessen, Instrumente, die auf Motivation, Information und Identifikation u.v.m. abzielen, gelegt werden. „Fordern und fördern" ist ein Führungsanspruch und ein Führungsinstrument. Stärkere Berücksichtigung der Individualität des Einzelnen ist gefragt, der richtige Umgang miteinander, mehr Freiraum und Verantwortung und auch Wertschätzung.

Der russische Schriftsteller Tolstoi führt hierzu an: **„Man kann ohne Liebe Holz hacken, man kann aber nicht ohne Liebe mit Menschen umgehen."**

Autorität muss sein, aber „Autorität kraft Amtes", wie wir es in vielen öffentlich-rechtlichen Unternehmen oder in der Politik noch heute kennen, ist nicht mehr zeitgemäß und verpönt.

Um Autorität muss sich eine Führungskraft ständig bemühen, Autorität muss von den Mitarbeitern bestätigt und anerkannt werden durch zeitgemäße und mitarbeiterorientierte Führung.

Rudolf von Bennigsen-Foerder, ein verstorbener ehemaliger Deutscher Industriemanager und langjähriger Vorstandsvorsitzender der VEBA AG sagte: **„Man muss die Menschen kennen, um sie führen zu können."**

Für „richtige Mitarbeiterführung" kann es keine Patentrezepte geben, so Wunderer, auch wenn diese oftmals so verkauft werden. Die Führung von Mitarbeitern verlangt ferner, mit Paradoxien umgehen zu können, so z. B. andere beeinflussen und sich selbst beeinflussen zu lassen, Nähe und Distanz zeigen, mit Lob und Tadel umgehen zu können, Kritik geben und Kritik ertragen, verändern und gutes bewahren, expandieren und konsolidieren, sich Änderungen anzupassen und wert- bzw. zielorientiert vorzugehen, rationale mit emotionaler Intelligenz verbinden u. v. m. Der Unternehmer Heinz-Werner Lüders spricht von den drei F's der Mitarbeiterführung: **fordern, fördern und feedbacken.**

Mitarbeiterführung wird zukünftig stärker Teil einer integrierten Unternehmensführung. Im Sinne der Strategie einer Förderung des internen Unternehmertums gilt es, Mitarbeiter auch für unternehmerisches Denken und Handeln zu qualifizieren und zu begeistern. Darüber hinaus gewinnt die „Führung des Chefs" (Führung von unten) an Bedeutung, d. h. Wunsch und Möglichkeit den eigenen Vorgesetzten zu beeinflussen (Managing the boss) sowie die Delegation von Führungsaufgaben an die Mitarbeiter. Dies ist insbesondere in Verbindung mit veränderten Organisationsformen wie Arbeiten im Team und in Projekten zu sehen. Richard Nixon, ein ehemaliger amerikanischer Präsident führt hierzu als Vermeidungsstrategie an:

> „**Die ganze Kunst der so schwierigen Menschenführung besteht darin, seine Mitarbeiter so zu behandeln, wie man selbst von seinem Vorgesetzten behandelt werden möchte.**"

Somit ist der Kontakt und der Umgang mit den Mitarbeitern Kernpunkt der Führungsaufgabe. Steve Jobs erweitert die bisherigen Definitionen, er führte in seiner Biographie an, dass Mitarbeiterführung auch darin bestehe, eine Arbeitsumgebung zu schaffen, in der Menschen das, was sie tun, von Herzen tun. Dabei betont er in besonderem Maße das soziale Umfeld, in dem Führung abläuft. Ferner impliziert er die Notwendigkeit und Wichtigkeit einer angenehmen, wohltuenden Arbeitsatmosphäre.

Götz Werner, der Gründer des dm-Drogeriemarktes, geht noch einen Schritt weiter, indem er in diesem Zusammenhang folgendes anführt: Wir dürfen ein Unternehmen nicht nur von oben nach unten denken, sondern müssen es auch von außen nach innen denken. Ein Mitarbeiter, der mit dem Kunden redet, ist in diesem Moment der Wichtigste, alle anderen sind aus dieser Perspektive nur rückwärtig Dienstleistende. Damit weist er auf die Übertragung und Übernahme von Verantwortung durch den einzelnen Mitarbeiter im Unternehmen hin.

Verwendete und empfehlenswerte Literatur:

Becker, M.: Personalentwicklung, Stuttgart 2009

Comelli, G. und Rosenstiel, L. von: Führung durch Motivation, München 2014

Domsch, M. E./Regnet, E./Rosenstiel L. v.: Führung von Mitarbeitern, Stuttgart 2018

Hintz, A.: Erfolgreiche Mitarbeiterführung durch soziale Kompetenz, Wiesbaden 2016

Issacson, W.: Steve Jobs – die autorisierte Biographie des Apple-Gründers, München 2012

Lieber, B.: Personalführung ... leicht verständlich, München 2017

Neuberger, O.: Führen und führen lassen, Stuttgart 2002

Malik, F.: Führen, leisten, leben, Frankfurt 2014

Rosenstiel, L. von: Arbeits- und Organisationspsychologie: Management und Führung, in: Krampen, G. (Hg.): Psychologie-Experten als Zeitzeugen, S. 195–212, Göttingen 2009

Scheungraber, S.: Die charismatische Führungspersönlichkeit, Baden-Baden 2019

Scholz, Ch.: Personalmanagement, München 2014

Werner, G.: Womit ich nie gerechnet habe, Berlin 2013

Wunderer, R.: Führung und Zusammenarbeit, München 2011

3.2 Mitarbeiter- und Führungskompetenzen

In Deutschland gibt es rd. 4 Mio. Führungskräfte. Dabei ist sich bestimmt eine Vielzahl von Unternehmen, insbesondere kleine und mittelständische Firmen (KMU), nicht bewusst, über welche Qualifikationen, Stärken und Schwächen ihre Führungskräfte verfügen. Dies liegt u. a. auch daran, dass es an der Evaluation dieser Kompetenzen, dieser Fähigkeiten, (Leadership Kompetenzen und Soft Skills) immer noch mangelt mit dem Ergebnis, Führungsschwächen können nicht behoben und Potenziale nicht voll ausgeschöpft werden. Einige wenige Großunternehmen und fortschrittliche Mittelständler setzen zwischenzeitlich des Öfteren eignungs- und potenzialdiagnostische Verfahren (z. B. Assessmentcenter) zur Kompetenz- und Fähigkeitsprüfung ihrer Mitarbeiter und Führungskräfte insbesondere auch im Nachwuchsbereich ein.

Robert Lembke, ein ehemaliger deutscher Fernsehmoderator, sagte hierzu treffend: **Die Fähigkeit eines Chefs erkennt man an seiner Fähigkeit, die Fähigkeiten seiner Mitarbeiter zu erkennen.**

Dabei können Kompetenzmodelle helfen, bestimmte Kompetenzmuster innerhalb des Unternehmens zu analysieren und die Anforderungen des Unternehmens an seine Führungskräfte und Mitarbeiter darzustellen, um Kompetenzlücken zu schließen. Ein Kompetenzmodell (siehe Kapitel 3.3) bildet die Unternehmensstrategie auf die Fähigkeit aller Mitarbeiter ab und unterstützt durch Personalentwicklung und Karriere- sowie

Laufbahnplanung den einzelnen Mitarbeiter auch durch Vorgabe von Lernpfaden.

Der Begriff „Kompetenz" wird in Literatur und Praxis sehr vielfältig definiert und erläutert. In den 70er Jahren (1974) wurde von Dieter Mertens der Begriff „Schlüsselqualifikationen" im Rahmen der Bildungsforschung geprägt. Mitte der 90er Jahre wurde der Kompetenzbegriff mit „Schlüsselkompetenzen" belegt, die laut OECD eine Kombination aus Wissen, Fähigkeiten und Einstellungen, die alle Menschen zur Anforderungsbewältigung für ihre persönliche Entfaltung, soziale Integration und ihre Arbeit benötigen. Schlüsselkompetenzen sind sozusagen die „Schlüssel", die es Personen ermöglichen, sich an die sich permanent verändernden beruflichen, wirtschaftlichen, technologischen und sozialen Anforderungen anpassen zu können, wie z. B. Globalisierung der Wirtschaft, verstärkter Einsatz von Informations- und Kommunikationstechnologien, Digitalisierung und zunehmende Komplexität von Arbeitsprozessen. In Literatur und Praxis wird der Kompetenzbegriff einerseits sehr eng und fokussiert auf erlernbare Fähigkeiten und Fertigkeiten gesehen, andererseits werden aber auch Eigenschaften wie Persönlichkeitsmerkmale miteinbezogen.

Schlüsselkompetenzen dienen heute vor allem dazu, die Beschäftigungsfähigkeit einer Person („Employability") zu gewährleisten und persönliche Entwicklungsziele umzusetzen. Aktuell geforderte Schlüsselqualifikationen beziehen sich nicht nur auf fachliche und fachübergreifende Qualifikationen, sondern z. B. auch auf eine ganzheitliche Handlungskompetenz, soziale

Kompetenz und Kompetenzen zur Persönlichkeitsentwicklung, auf Hard und Soft Skills.

Der amerikanische Wirtschaftswissenschaftler Warren Bennis führte hierzu an: **„Die Kernkompetenz von Führung ist Charakter"** und betont dabei außerberufliche Qualifikationen, die u. a. ihren Ursprung vor allem in der Sozialisation des Einzelnen haben.

So werden schon seit Jahren in der Literatur und der Praxis der Unternehmen selbst sowie in der Beratungsbranche die verschiedensten Kompetenzbereiche definiert, diskutiert und inhaltlich belegt, über die insbesondere Führungskräfte verfügen sollten/müssten, jeweils in Abhängigkeit von den Unternehmensanforderungen an Mitarbeiter und Führungskräfte heute und in der Zukunft (Leadership-Qualifikationen). Nach dem bekannten Hülshoff-Kompetenzansatz werden Kernkompetenzen für Vorgesetzte und Mitarbeiter als Handlungskompetenz definiert mit den Teilkompetenzen wie Sozialkompetenz, Persönlichkeitskompetenz, Methodenkompetenz, Fachkompetenz und für Führungskräfte noch zusätzlich die Führungskompetenz.

Als Ausgangslage für die unternehmensindividuelle Definition von Subkompetenzen könnten folgende Einzelqualifikationen/Eigenschaften/Verhaltensweisen aus der Literatur herangezogen werden:

Sozialkompetenz wie z. B. Einfühlungsvermögen, Offenheit, Teamfähigkeit, Umgang mit Konflikten, Fairness, Fähigkeit zur Kommunikation, Lernbereitschaft;

Persönlichkeitskompetenz mit Merkmalen wie z. b. Zivilcourage, Selbstvertrauen, Engagement/Einsatzbereitschaft, Belastbarkeit, Verantwortungsbewusstsein, Selbstmotivation, Problemlösungsfähigkeit;

Methodenkompetenz mit den Bereichen z. B. Planungs- und Organisationsfähigkeiten, Präsentations- und Moderationskompetenz, Informationsmanagement, Entscheidungsfähigkeit, Kreativität und Ideenfindung, Gesprächsführung und Argumentationskompetenz;

Fachkompetenz mit folgenden Merkmalsausprägungen wie z. B. fachliche Breite und Wissen, fachliche Tiefe (Expertenwissen), Branchenkenntnisse, Prozess-Know-how, Lernfähigkeit und Lernbereitschaft;

Führungskompetenz als wichtige Kernkompetenz einer Führungskraft mit z. B. diesen Kompetenzmerkmalen: Ziele setzen und umsetzen, Visionen, Einsicht von Fehlern, Umgang mit Konflikten, Kritikfähigkeit, Motivationsfähigkeit, Vorbildwirkung, Teamsteuerung, Mitarbeiterentwicklung, Delegationskompetenz, Evaluation.

Die deutsche Publizistin Wilma Thomalla führt zur letztgenannten Kompetenz an:

**„Menschenführung ist an die Hand nehmen,
ohne festzuhalten und loslassen, ohne fallen zu lassen."**

Eine eigens durchgeführte „kleine empirische Untersuchung" bei 200 Mitarbeitern aus mittelständischen Unternehmen, mit dem Ziel, Einschätzung der Kompetenzen ihrer Vorgesetzten und ihre Kompetenzwünsche, zeigt folgende Einzelmerkmale zu den verschiedenen Kompetenzbereichen:

Soziale Kompetenz
Kompetenzmerkmale: Anerkennung durch Lob, Kommunikation, Loyalität, Kooperation, Bereitschaft zum Kompromiss, Fairness, interkulturelle Kompetenz, Kontakt „Chef zum Anfassen", Einfühlungsvermögen, Hilfsbereitschaft, Zuhören können.

Mehr Präferenz auf: Lob und Anerkennung, Loyalität, Kooperationsbereitschaft, Fairness und Kontaktverhalten.

Persönliche Kompetenzen
Kompetenzmerkmale sind dabei: Lernbereitschaft, Leistungsbereitschaft, Belastbarkeit, Flexibilität, Selbstbewusstsein, Durchsetzungsvermögen, Teamfähigkeit, Umgang mit Konflikten, Überzeugungskraft, Ausdauer, Zielorientierung, Kreativität, Fähigkeit zur Veränderung, Selbstreflexion, Entscheidungsfähigkeit, Geduld, Persönlichkeit/Charisma, Verantwortung, Umgang mit Stress, Engagement, Empathie.

Mehr Präferenzen im Führungsverhalten bei Teamfähigkeit, Selbstbewusstsein, Empathie und Selbstreflexion.

Methodenkompetenz
Einzelkompetenzen werden hier gesehen in den Merkmalen: Gesprächsführung, Organisationsfähigkeit, Problemlösung, Denken in Konzepten, Präsentation, Moderation, Zuhören können, Coachingfähigkeiten. Stärken sehen die Befragten in den Merkmalen Gesprächsführung, Organisationsfähigkeit, Moderation von Prozessen. Schwächen beim Zuhören können und Konzeptdenken (ganzheitliches Denken).

Fachkompetenz
Die Fachkompetenz wird definiert über die Merkmale analytisches Denken, Zeitmanagement, Mitarbeiterentwicklung, betriebswirtschaftliche Kompetenz, IT-Wissen, digitales Wissen und Können, Führungserfahrung, Berufs-Know-how, Fremdsprachenkenntnisse, fachspezifische Kenntnisse. Als besonders ausgeprägt werden dabei das Berufs-Know-how, die Delegationsfähigkeit und -bereitschaft sowie die Führungserfahrung und die Mitarbeiterentwicklung genannt.

Schwächen sehen die Befragten mittelständischer Unternehmen in den Fremdsprachenkenntnissen (interkulturelle Kompetenz), der Verantwortungsdelegation, im verbesserten Zeitmanagement und im digitalen Wissen.

Führungskompetenz
Die Führungskompetenz wird charakterisiert über die Merkmale Motivation, Durchsetzungsvermögen, Führungsstil und -verhalten, Delegationsfähigkeit, Mitarbeiterentwicklung, Informationsmanagement, Organisation, Empathie, Gespräche

führen, Probleme lösen, Lob- und Wertschätzungskultur, Führungspersönlichkeit.

Schwächen werden vor allem in den Kompetenzen Führungsverhalten, Wertschätzung, Gesprächskultur, Feedback und Mitarbeitergespräche sowie Motivation gesehen.

Eine Führungskraft muss sich durch eine Vielzahl von Qualifikationen auszeichnen, wobei die einzelnen Kompetenzfaktoren auch hierarchieabhängig zu gewichten sind (Bereichsleiter – Teamleiter). Sehr häufig ist es so, dass viele Fachexperten die Mitarbeiterführung nie gelernt haben und plötzlich in ihre neue Funktion als Führungskraft aufgrund dieser fachlichen Kompetenz berufen werden. Dies wird sehr häufig im öffentlichen Dienst bemängelt.

Die Führung von Mitarbeitern ist von einer Vielzahl von Kompetenzen und Qualifikationen abhängig. Sie ist auch nicht nur durch detailliertes Führungswissen bewältigbar, sondern insbesondere von Faktoren wie z. B. den Mitarbeitern, die es zu führen gilt, von der Person des Vorgesetzten, der führt, wie z. B. Führungspersönlichkeit, Charisma, von Kommunikationsgrundsätzen und u. v. m. bestimmt. Führungswissen wie z. B. die Kenntnis von Führungsrollen, Führungsstilen, Führungstechniken oder Führungsinstrumenten sind wichtige Voraussetzungen, deren Anwendung und Umsetzung ist allerdings abhängig vom Verhalten und Typ dessen, der führt.

Führungswissen ist lernbar, das Führungsverhalten, meist geprägt auch schon durch die Sozialisationsphase eines Einzelnen, ist nur bedingt lernbar, denn dabei geht es um Einfühlungsvermögen, Kontaktfähigkeit, das Gespür für Menschen und Situationen, um Empathie, Emotionen, Vertrauen und Kommunikation sowie um den Führungsstil. Den Überblick zu behalten in der Hektik des beruflichen Alltags, die richtigen Prioritäten zu setzen, Aufgaben delegieren zu können und richtiges Feedback zu geben, ist nicht einfach und lässt sich nicht so ohne weiteres nebenbei bewerkstelligen. Dies wird während einer Ausbildung oder in einem Hochschulstudium teilweise instrumentell gelehrt, aber deren Anwendung nicht gelernt/geübt.

Darüber hinaus wirken auch Anforderungen von außen sowohl auf die Organisation eines Unternehmens als auch auf die Führung von Mitarbeitern ein. Anforderungen aus der natürlichen Umwelt, ethischen Grundsätzen, nachhaltig sich veränderten Werteorientierungen der jüngeren Generationen (Generationenmanagement), Anforderungen resultierend aus einer alternden Gesellschaft, Digitalisierung und Globalisierung, Markt- und Kundenverhalten u. v. m.

Nachfolgende Ansätze und Beispiele zu einer „pragmatischen" Mitarbeiterführung sollen dazu beitragen, gewünschte Führungskompetenzen der Mitarbeiter zu beschreiben und ihren Nutzwert sowie ihre Wichtigkeit im Führungsprozess zu betonen. Sie sollen ein stückweit situativer Ratgeber für den unternehmerischen Führungsalltag sein. Dabei werden aus den umfangreichen Themen und Inhaltskomplexen des HR-Management und insbesondere der Mitarbeiterführung Denkanstöße für eine größere Wertschätzung und Anerkennung der

Mitarbeiterleistung fokussiert, die eigentlich den meisten Vorgesetzten bekannt sind, aber doch zu selten nachhaltig praktiziert werden, was überwiegend am Führungsverhalten liegt und oftmals am veränderten Umgang mit dem Faktor „Zeit". Halten Sie es dabei mit dem griechischen Philosophen Sokrates, der zum Umgang mit der Zeit schon vor über 2.000 Jahren formulierte:

> **„Es ist nicht wenig Zeit, die wir haben,
> sondern viel Zeit, die wir nicht nutzen."**

Der Umgang mit dem Mitarbeiter am Arbeitsplatz ist und bleibt etwas Individuelles und auf die Besonderheit des einzelnen Abgestelltes. Es erlaubt keine standardisierten Konzepte und Verhaltensweisen. Als Vorgesetzter muss man sich zuerst selber kennen und auch führen, bevor man andere Menschen führt. Führungsarbeit ist daher auch eine Auseinandersetzung mit der eigenen Persönlichkeit. Nicollo Machiavelli, italienischer Philosoph des 16. Jahrhunderts, führt hierzu sehr treffend an:

> **„Die beste Methode, um die Intelligenz eines Führenden
> zu erkennen, ist, sich die Leute anzusehen,
> die er um sich hat."**

Vor diesem Hintergrund sollen die nachfolgenden Beiträge und Denkanstöße das Bewusstsein schärfen und mit erlebten Erfahrungen zum Nachdenken bewegen, Ideen vermitteln und Denkanstöße bieten sowie Diskussionen um ihre Nützlichkeit im Führungsalltag auch provozieren.

3.3 Kompetenzmodelle in der Praxis

Kompetenzmanagement oder auch Skillmanagement genannt, beschreibt die Mitarbeiterkompetenzen, macht sie transparent und stellt den Transfer, die Nutzung und Entwicklung der Kompetenzen zum Erreichen strategischer Unternehmensziele sicher. Das Kompetenzmanagement ist eine Disziplin, die es einem Unternehmen ermöglicht, aktiv den eigenen Kompetenzbestand zu steuern und zu lenken, denn Kompetenzen sind eine Grundlage für Agilität von Personen und Unternehmen.

Ein Kompetenzmodell ist ein Instrument des Kompetenzmanagements eines Unternehmens. Vereinfacht ausgedrückt: Es beschreibt die vorhandenen (Mitarbeiterkompetenzen) und die benötigten, zukünftigen Kompetenzen (Unternehmenskompetenzen) eines Unternehmens oder eines Bereiches. Die Festlegung und die Messung der relevanten Kompetenzen (z. B. über eignungsdiagnostische Verfahren wie ein Assessmentcenter) sowie die Erstellung des Modells zählen zum Aufgabenbereich des HR-Management. Anhand der erfassten Kompetenzen legt ein Kompetenzmodell die Anforderungen an die Mitarbeiter und die Führungskräfte des Unternehmens fest. Hierzu gilt es auf das Kompetenzmodell ausgerichtete Personalinstrumente zu entwickeln. Voraussetzung für diese Entwicklung und die Implementierung eines Kompetenzmodells sind die Kenntnisse der Unternehmensstrategie und der Organisation des Unternehmens. Wichtig ist dabei zu wissen, wie sich das Unternehmen in den kommenden Jahren entwickeln soll. Im Mittelpunkt steht hier die Bestimmung organisatorischer und struktureller Voraussetzungen für die Zukunftsbewältigung. In diesem Sinne übernimmt ein Kompetenzmodell folgende Aufgaben:

- Das Modell, orientiert an der Unternehmensstrategie, berücksichtigt das Unternehmensleitbild (schriftliche Erklärung eines Unternehmens nach Innen z. B. Mitarbeiter und nach Außen z. B. Kunden) und das Wertesystem (z. B. kulturelle oder soziale Werte);
- Wichtig ist die Beschreibung von wesentlichen Kompetenzen (z. B. soziale Kompetenz), die zur Umsetzung strategischer Ziele notwendig sind;
- Das Modell wird jeweils den sich ändernden strategischen Zielen angepasst und weiterentwickelt;
- Beschreibung der Mitarbeiteranforderungen in einer für alle verständlichen Sprache;
- Definition von Handlungsweisen zwecks Beobachtung und Prüfung von Kompetenzen (z. B. Assessmentcenter)
- Die Festlegung der notwendigen Fähigkeiten und Anforderungen (Kompetenzlücken) bietet gezielte, personenbezogene und bedarfsorientierte Personalentwicklungsmaßnahmen.

> **„Klug ist, wer weiß, was er nicht weiß."**
> (Sokrates, griechischer Philosoph)

Ein Kompetenzmodell ermöglicht für das Unternehmen eine gezielte Auswahl und einen bedarfsorientierten Einsatz der Mitarbeiter. Ferner lässt sich anhand der Anforderungsbeschreibung das Potenzial der Mitarbeiter einschätzen. Die Definition der erforderlichen Fähigkeiten bietet somit eine objektivere Beurteilung der Leistungen. Durch die Zuordnung von Kompetenzen zu betrieblichen Positionen in den verschiedensten Bereichen bietet ein Kompetenzmodell dem Unternehmen auch eine Erleichterung bei der individuellen Karriere- und Laufbahnplanung.

Besonders wichtig ist, dass ein Kompetenzmodell die Basis für Kompetenzanalysen, z. B. Assessments persönlich oder online, Selbst- und Fremdeinschätzung der eigenen Kompetenzen, durch Interviews oder Beobachtung darstellt.

> **„Mensch erkenne Dich selbst, dann weißt Du alles."**
> (Sokrates, griechischer Philosoph)

In diesem Sinne unterstützt ein Kompetenzmodell die strategische Planung eines Unternehmens in den verschiedensten Bereichen.

In Literatur und Praxis unterscheiden wir zwei Formen/Arten von Kompetenzmodellen:

- So gilt ein generalisiertes Kompetenzmodell für das gesamte Unternehmen, dabei werden die wichtigsten allgemeinen Kompetenzen zusammengefasst, über die alle Mitarbeiter im Unternehmen verfügen müssen;
- Spezialisierte Kompetenzmodelle entstehen auf der Grundlage der allgemeinen Kompetenzen und beschreiben spezifische Anforderungen und Kompetenzen für einzelne

Arbeitsbereiche, betriebliche Funktionen und Organisationseinheiten;

Für die Entwicklung eines Kompetenzmodells bieten sich zwei Vorgehensweisen an. Die Bottom-up-Methode (von unten nach oben) entwickelt das Modell ausgehend von einem bestimmten Tätigkeitsbereich im Unternehmen. Die Top-down-Methode (von oben nach unten) entwickelt ein Modell für das gesamte Unternehmen und bricht dieses dann auf die einzelnen Bereiche herunter. Beide Methoden unterscheiden sich jeweils in der Reihenfolge einzelner Entwicklungsschritte. So startet die Bottom-up-Methode mit der Anforderungsanalyse für einen Tätigkeitsbereich z. B. Vertrieb, Produktion. Danach werden die Kompetenzen hierfür spezifisch formuliert und diese fließen in das Kompetenzmodell ein. Die Top-down-Methode startet dagegen mit der Formulierung der Kompetenzen durch Workshops und die Einbindung von Experten. Danach werden die analysierten Kompetenzen auf einzelne Tätigkeitsfelder heruntergebrochen. Den Abschluss bildet auch hier die Erstellung eines Kompetenzmodells.

Auf dieser Basis gibt es zwischenzeitlich bereits einige Kompetenzmodelle, meist von Großunternehmen. Exemplarisch und zur Verdeutlichung des Ansatzes sollen an dieser Stelle in kurzer Form zwei interessante Modelle kurz beschrieben werden:

- **Kompetenzmodell ZDF-Mainz**

Das ZDF-Kompetenzmodell ist insofern ein sehr interessanter und vor allem fortschrittlicher Managementansatz, da es auf die Grundidee des Kompetenzmanagements aus der freien Wirtschaft aufbaut und diese jedoch den Erfordernissen einer öffentlich-rechtlichen Rundfunkanstalt anpasst. So wurde das ZDF bereits im Jahre 2010 für sein Kompetenzmodell mit dem Initiativpreis Aus-und Weiterbildung ausgezeichnet. Dabei konnte sich dieses öffentlich-rechtliche Unternehmen gegen 60 überwiegend privatwirtschaftliche Unternehmen durchsetzen. Dieser Preis, ausgelobt durch die Otto-Wolff-Stiftung und den Deutschen Industrie- und Handelskammertag (DIHT), würdigt Unternehmen und Institutionen, die zur Steigerung der Qualität und Attraktivität betrieblicher Bildung beitragen.

In diesem Sinne stellt das ZDF-Kompetenzmodell heute ein wichtiges, den ständigen Entwicklungen des Unternehmens angepasstes Führungs- und Kommunikationsinstrument dar, das die Verknüpfung von Visionen und Werten des ZDF mit den Kompetenzen seiner Mitarbeiter und Führungskräften verknüpft.

Dabei erfüllt das Kompetenzmodell auf Unternehmensebene gleichzeitig unterschiedliche Funktionen. Es ...

- ... ist einheitlich anwendbares Personalentwicklungsinstrument ZDF-weit;

- … übersetzt die Anforderungen aus der ZDF-Strategie und -Zielen in konkrete Kompetenzen auf Fachbereichsebene und aktuellem Arbeitsplatz;
- … stellt ein Bindeglied zwischen der ZDF-Unternehmensstrategie und der operativen Personalentwicklung dar;
- … unterstützt bei der Implementierung eines einheitlichen Verständnisses zur Mitarbeiterführung und dem Kommunizieren in einer „verständlichen und gemeinsamen Sprache";
- … hilft bei der Initiierung systematischer Personalentwicklungsprozesse auf der individuellen Ebene durch eigene, individualisierte Entwicklungspläne;
- … garantiert ein wertschätzendes, transparentes und offenes Verhalten und fördert den Dialog zwischen Vorgesetztem und dem Mitarbeiter.

Die Zielgruppen können differenziert ausgewählt und definiert werden, für die Umsetzung kommen z. B. Mitarbeiter, Teams, Leitungsebene der Fachbereiche, Berufsgruppen/Jobfamilien (z. B. Redakteure des Aktuellen Sportstudios) oder aber Funktionen (z. B. zukünftige Redaktionsleiter) in Betracht.

Das von der Personalentwicklung entwickelte Rahmenkompetenzmodell besteht aus zwei Schwerpunktbereichen, der Fach- und Methodenkompetenz einerseits und den überfachlichen Kompetenzen andererseits.

Beide Kompetenzbereiche können dabei nicht isoliert betrachtet werden, sondern sind gemeinsam als ein integratives Element der jeweiligen Fachbereichsstrategie zu deuten. Somit werden die für die jeweilige Direktion/Fachbereich notwendigen fachlichen und überfachlichen Kompetenzen auf der Grundlage der aus den Unternehmenszielen kaskadierten Bereichsziele mit Unterstützung der Personalentwicklung in Workshops erarbeitet.

In diesem Kompetenzmodell werden die verschiedenen Kompetenzbereiche geclustert, wie z. B. die persönliche Kompetenz oder die Sozialkompetenz. Als Ergebnis ergibt sich dann ein Kompetenzmodell pro Fachbereich. Das ZDF nutzt dabei das Modell als Arbeitsgrundlage für die spezifische Entwicklung der Mitarbeiterkompetenzen durch Personalentwicklungsmaßnahmen. Um den Schulungsbedarf zu ermitteln, wird der Ist-Zustand der Mitarbeiter mit dem Soll-Zustand verglichen. Der Soll-Zustand wurde zuvor als Anforderungskatalog für jeden Beruf entwickelt. Anhand von Fremd- und Selbsteinschätzung via Fragebogen ergibt sich dabei der Ist-Zustand. Dann sieht die Charakteristik des Kompetenzmodells wie folgt aus: So wird zunächst eine Unterscheidung nach einzelnen Kompetenzbereichen vorgenommen. Fach- und Methodenkompetenz werden hierbei als grundlegende Geschäfts- und Funktionskompetenz festgelegt. Die anderen Kompetenzbereiche stellen die sogenannten überfachlichen Kompetenzbereiche dar. Die einzelnen Fachbereiche des ZDF können die Kompetenzdächer individuell anpassen (Kategorisierung der Kompetenzen). Dabei sehen die erforderlichen Einzelkompetenzen pro Kompetenzdach wie folgt aus:

Fach- und Methodenkompetenzen	-Aufgabenbezogene Kenntnisse und Fähigkeiten -Beherrschen relevanter Methode
Führungskompetenz	-Mitarbeiterentwicklung -Mitarbeitersteuerung und –motivation -Orientierung geben/Rahmenbedingungen schaffen -Rollenverständnis/Vorbildfunktion -Mit Zielen führen/Erfolgsorientierung -Durchsetzungsvermögen -Persönliche Wirkung
Lösungskompetenz	-Perspektivwechsel -Gestaltungsmotivation/-kraft -Abstraktionsvermögen/Reduktion von Komplexität -Bereitschaft zu originellen und neuartigen Lösungen/Kreativität -Umsetzungsvermögen -Situativ adäquates Reagieren und Handeln
Unternehmerische Kompetenzen	-Veränderungs-bereitschaft/Flexibilität -Strategische Orientierung/Vorausschauendes Handeln -Entscheidungsvermögen -Betriebswirtschaftliches Denken und Handeln -Verhandlungsgeschick -Branchenumfeld- und ZDF-Kenntnis -Qualitätssicherung
Sozialkompetenz	-Kooperationsfähigkeit -Konfliktfähigkeit -Kommunikationsfähigkeit -Einfühlungsvermögen -Networking-Kompetenz -Vertrauen, Wertschätzung und Respekt
Persönliche Kompetenz	Belastbarkeit Selbststeuerung Reflexionsfähigkeit Beharrlichkeit/Nachhaltigkeit Engagement und Erfolgswille in der Aufgabenbewältigung Ausgeglichenheit Verantwortungsbewusstsein Lernfähigkeit/-bereitschaft

Die Kategorien Führungskompetenz bis Persönliche Kompetenz bilden die Überfachlichen Kompetenzen.

Abb. 1: Kompetenzmodell ZDF Mainz

Anhand des Modells ergeben sich somit bestimmte Bedarfsarten/-adressaten der Weiterbildung wie z. B. für Auszubildende, Hochschulabsolventen, Mitarbeiter und Führungskräfte usw., für die dann jeweils Personalentwicklungsmaßnahmen in den Feldern Ausbildung, Weiterbildung und Mitarbeiterförderung angeboten werden.

Ziel der Personalentwicklung im ZDF ist es, für ein modernes Medienunternehmen ein breit akzeptiertes und dynamisches Tool zu entwickeln, das die Unternehmensbedarfe sowie Mitarbeiterbelange berücksichtigt und jederzeit aufgrund interner und externer Gegebenheiten und Ereignisse (z. B. Ziele, Markt) angepasst werden kann. Damit garantiert dieses Instrument multifunktionale Einsatzmöglichkeiten, die fachbereichsübergreifend verwendbar und zukunftsorientiert einsetzbar sind.

- *Kompetenzmodell der Fa. Miele*

Ein weiteres Beispiel in Sachen Kompetenzmodell bietet die **Firma Miele**. Dabei steht für die systematische Personalentwicklung bei der Fa. Miele das chinesische Sprichwort:

> **„Willst Du in einem Jahr Erfolg ernten, so sähe Samen, willst Du in zehn Jahren Erfolg ernten, so setze Bäume, willst Du das ganze Leben lang Ergebnisse sehen, so entwickle Menschen."**

Das Kompetenzmodell des Unternehmens Miele unterteilt die relevanten Kompetenzen in vier Kompetenzbereiche: Persönliche Kompetenz, Soziale Kompetenz, methodische Kompetenz und fachliche Kompetenz. Den Kern des Modells bilden dabei die fachlichen Kompetenzen, in Anlehnung an die jeweiligen Anforderungen der Fachabteilungen.

Die Methodenkompetenz setzt sich aus Einzelkompetenzen wie Visualisieren, Präsentieren, fachspezifische Methoden, Arbeitsorganisation, Gesprächsführung, Moderieren und Problemlösungskompetenz zusammen. Die soziale Kompetenz ergibt sich aus den Teilkompetenzen: Interkulturelle Fähigkeiten, Einfühlungsvermögen, Kooperationsfähigkeit, Konfliktfähigkeit, Kontaktverhalten.

Die persönlichen Kompetenzen sind Leistungsbereitschaft, Entscheidungsfähigkeit, persönliche Wirkung, Selbstreflexion, Veränderungsfähigkeit, unternehmerisches Denken, Lernbereitschaft, Kreativität, Belastbarkeit, Zielorientierung und analytisches Denken.

Die Identifikation der einzelnen Kompetenzen sind per Fragebogen ermittelt worden. Als mögliche Art der Analyse wurde die Fremdeinschätzung gewählt. Die Führungskraft vergleicht dabei den Soll- und Istzustand der Kompetenzen und muss diese auf einer Skalierung bewerten und begründen. Die Bewertung wird erleichtert durch die Vorgabe einer Beschreibung je Kompetenz und ein Beispiel zur Beobachtung. Miele entwickelte dieses Modell zur Potenzialanalyse der Mitarbeiter, für die Personalauswahl und als Grundlage für jährliche Mitarbeiter- und Feedbackgespräche sowie zur Festlegung von Zielvereinbarungen.

Kompetenzmodelle stellen heute ein wichtiges Instrument dar, um HR-Aktivitäten insbesondere im Bereich Personalentwicklung und Mitarbeiterförderung gezielter umsetzen zu können und unterschiedliche Personalinstrumente und -bereiche miteinander zu verknüpfen. Kompetenzmodelle bieten ferner die Möglichkeit, die operative HR-Tätigkeit mit den Zielsetzungen des strategischen Managements zu verzahnen.

Die Kompetenzfelder und Einzelkompetenzen sind allerdings regelmäßig mit den aktuellen wirtschaftlichen Gegebenheiten und Entwicklungen wie z. B. der Digitalisierung, der Internationalisierung zu evaluieren und den jeweiligen strategischen Anforderungen des Unternehmens und der Märkte anzupassen, gemäß der Aussage von Rudolf von Bennigsen-Foerder, dem ehemaligen Vorstandsvorsitzenden der VEBA AG:

„**Stillstand ist Rückschritt.**"

Kompetenzentwicklung von Mitarbeitern wird zukünftig zu einem der wichtigsten Wettbewerbsfaktoren in der globalen Wirtschaft auch im Zeitalter der Digitalisierung. Vom Wissen und Können, von der Qualifikation und der Kompetenz der Mitarbeiter wird auch der Wirtschaftsstandort Deutschland maßgeblich abhängen und beeinflusst. Die Gesellschaft von morgen braucht eine kompetenzbasierte Lernkultur, dabei wird die individuelle Kompetenzentwicklung zu einem der wichtigsten Instrumente der Zukunftssicherung auch von Unternehmen. Kompetenzerfassung, Kompetenzentwicklung (Kompetenztraining), Kompetenzmodelle und Kompetenzmanagement sind ebenfalls Schlüsselbegriffe der unternehmerischen Zukunft.

Ferner werden zukünftig digitale Kompetenzen Einzug in den Entwurf und die Weiterentwicklung von Kompetenzmodellen halten. Dabei ist die digitale Kompetenz insbesondere von den betrieblichen Funktionsbereichen (z. B. Logistik, Marketing) und von der Rolle sowie den Aufgaben des jeweiligen Mitarbeiters abhängig. Dies macht auch den Einsatz von digitalen Teams (Mitarbeiter, die virtuell miteinander verbunden sind) oder Digital Officers (Planer und Lenker der digitalen Transformation im Unternehmen) überlegenswert und notwendig. Digitale Kompetenzen sind dabei Fähigkeiten, abgestellt auf Wissen und Lernen (Selbstlernen), den Umgang mit digitalen Tools (z. B. Facebook, Whatsapp, Youtube, Instagram), den Umgang, die Interpretation und die Auswertung von Daten, die kritische Auseinandersetzung ethischen und rechtlichen, gesellschaftlichen Implikationen und dies unter den Bedingungen der Offenheit, des Interesses und der Veränderungsbereitschaft der Mitarbeiter und Führungskräfte für digitale Möglichkeiten (digitale Transformation von Geschäftsprozessen).

Dies setzt beim einzelnen Mitarbeiter eine hohe Selbstlernkompetenz voraus, ein selbstgesteuertes und zielgerichtetes Lernen. Auch eine zusätzliche Herausforderung für den HR-Bereich im Unternehmen insbesondere in der Personalentwicklung und Mitarbeiterförderung, wie im Kapitel 4.8 nochmals erwähnt.

Verwendete und empfehlenswerte Literatur:

Blessin, B./Wick, A.: Führen und führen lassen, Konstanz 2014

Bleis, Ch./Helpup, A.: Management –Die Kernkompetenzen, München 2009

BMBF: Digitale Zukunft. Lernen. Forschen. Wissen, Berlin 2019

Dewe, B. und Hülshoff, Th.: Betriebspädagogik und berufliche Weiterbildung: Wissenschaft – Forschung – Reflexion, Bad Heilbrunn 2000

Häring, K. u. a.: Führungskompetenzen lernen, Stuttgart 2013

Erpenbeck, J., Rosenstiel, von L. u. a.: Handbuch Kompetenzmessung, Stuttgart 2017

Erpenbeck, J. u. a.: Kompetenzmodelle in Unternehmen, Stuttgart 2013

Geisbauer, W.: Führen mit neuer Autorität: Stärke entwickeln für sich und das Team, Wiesbaden 2018

Grote, S. u. a. (Hg.): Kompetenzmanagement, Stuttgart 2006

Hülshoff, Th.: Das Handlungskompetenzmodell – ein grundlegendes betriebspädagogisches Konzept, in Hülshoff, Th. (Hg.): WSB-Information, Landau 2004, S. 25–25

Kauffeld, S./Paulsen, H.: Kompetenzmanagement in Unternehmen, Stuttgart 2018

Krumm, S./Merting, I./Dries, Ch.: Kompetenzmodell, Göttingen 2012

Kunz, G.C.: Vom Mitarbeiter zur Führungskraft, München 2016

Lang, R. W.: Schlüsselqualifikationen, Stuttgart 2000

Mertens, D.: Schlüsselqualifikationen, 7. Jg./1974, Sonderdruck aus der Arbeitsmarkt- und Berufsforschung

North, K.: u. a.: Kompetenzmanagement in der Praxis, Wiesbaden 2018

Oppermann-Weber, U.: Handbuch Führungspraxis, Berlin 2001, S. 34 ff.
Oubaid, V. (Hg.): Der Faktor Mensch, Berlin 2019
Prost, W.: Führen mit Autorität und Charisma, Wiesbaden 2012
Ritz, A./Thom, N.: Talentmanagement, Wiesbaden 2010
Rüttinger, R.: Talentmanagement, Hamburg 2010
Rychen, D. S.: OECD Referenzrahmen für Schlüsselkompetenzen – ein Überblick, in: Bormann, I./De Haan, G. (Hg.): Kompetenzen der Bildung für nachhaltige Entwicklung, Berlin 2008, S. 15–22
Sauter, W./Staudt, F.-W.: Strategisches Kompetenzmanagement 2.0, Wiesbaden 2015
Stahl, H.K.: Führungswissen, Berlin 2013
Strässer-Knüttel, K.: Unternehmenswerte als integraler Bestandteil der Personalarbeit, insbesondere der Personalentwicklung in einer öffentlich-rechtlichen Rundfunkanstalt – ZDF, in: Piechetsrieder, G. (Hg.): Werte, Wertschätzung, Wertschöpfung, Hamburg 2010, S. 144–158
Strässer-Knüttel, K./Koeder, T.: Das Kompetenzmodell als Bestandteil effizienter Personalentwicklung, in: Update 14/2012, S. 77–82
Welch, J.: Das ist Management, Frankfurt 2005
Wildenmann, B.: 21 Pfade für die erfolgreiche Führung von Menschen, Wiesbaden 2015

4. Ausgewählte, pragmatische Führungsinstrumente und -prinzipien

Als Ergebnis zahlreich durchgeführter empirischer Untersuchungen zur Arbeitszufriedenheit und Mitarbeiterkompetenzen, der Diskussion von Kompetenzen, Kompetenzprofilen und Kompetenzmodellen in Literatur und Praxis, sollen nachfolgend einige ausgewählte Instrumente im Bereich Führungsverhalten und Führungswissen besprochen werden, die von Mitarbeitern im Rahmen dieser Umfragen und in Mitarbeitergesprächen immer wieder genannt werden.

4.1 Anerkennung durch Lob

4.1.1 Lernen von den Erziehungswissenschaften

Lob ist, nach dem deutschen Wörterbuch, eine positive Beurteilung, die Bestätigung erwünschten Verhaltens. Lob ist die Anerkennung einer Leistung und Wertschätzung einer Person durch eine andere, verbalisiert oder körpersprachlich durch Gestik und Mimik ausgedrückt. Johann W. von Goethe warnt hier:

„Sich selbst zu loben, ist ein Fehler."

Lob ist immaterielle Führung. Der Wert der Anerkennung beruht auf der Kompetenz oder der Macht des Lobenden und auf seiner Seltenheit.

Lob ist auch Gegenstand lernpsychologischer, motivationspsychologischer und vor allem auch erziehungswissenschaftlicher Betrachtungen. So nennt man in der Psychologie jede Art der Anerkennung eine „Streicheleinheit". Eltern können damit, vergleichbar mit Belohnungen materieller Art, ein erwünschtes Verhalten ihrer Kinder verstärken. Allerdings nur, wenn dieses Instrument richtig eingesetzt wird. Der bedeutende deutsche Maler Anselm Feuerbach (19. Jh.) führt hierzu an:

„Tadeln ist leicht, deshalb versuchen sich so viele darin. Mit Verstand loben ist schwer, darum tun es so wenige."

Lob tut gut, es stärkt und ermutigt, es muss aber auch echt sein, d. h. aus ehrlicher Überzeugung kommen. Ferner soll ein Lob, so die Erfahrungen aus der Pädagogik, nicht zu häufig, sondern dosiert verteilt werden, denn ein mehr an Lob zeigt nicht unbedingt ein mehr an Wirksamkeit. Merken Sie sich folgende Auswirkungen des Lobens:

- Lob kann verunsichern, insbesondere dann, wenn viel oder überschwänglich gelobt wird;
- Lob kann unselbständig machen, dann, wenn die Leistungsbereitschaft nur über Lob erzielt wird;

- Lob kann „verzärteln", d. h. zu viel Lob kann zu Überschätzung führen. Man hält sich für großartig und ist beleidigt und betrübt, wenn ein Lob ausbleibt bzw. man nicht in den Himmel gehoben wird;
- Lob muss konkret sein, d. h. im Lob sind Details hervorzuheben, zu artikulieren und ausdrücken, was mit dem Lob gemeint ist;
- Lob muss aufrichtig sein. Sagen Sie, wenn Sie gerade wenig Zeit haben. Ein halbherziges oder geistesabwesendes „schön, schön" ist unpassend. Beim Loben geht es um Gefühle, die nicht vorgespielt werden sollten, da dies leicht durchschaubar ist. Gibt es nichts zu loben und zu wertschätzen, gilt es Mut zuzusprechen;
- Lob kann auch verschriftlich werden, z. B. durch die Ausstellung einer Urkunde, eines Zeugnisses, aushängen des Mitarbeiters des Monats am schwarzen Brett;
- Lob braucht nicht immer Worte. Gestik und Mimik, die Körpersprache (nonverbale Kommunikation) sind oftmals aussagefähiger;
- Lob kann eingesetzt werden, um eine freundliche Atmosphäre zu schaffen;
- Lob kann die Funktion des Trostes für schwächere Schüler/Mitarbeiter übernehmen und zeigt, dass sie nicht fallen gelassen werden.

Lob und Tadel gelten von jeher als wichtige Erziehungsinstrumente. Lob kann in der Pädagogik vor allem unter dem Gesichtspunkt der Verstärkung eingesetzt werden. Von vielen möglichen Verstärkern hat das Loben den Vorteil, dass es dosiert eingesetzt werden kann, es kostet nichts und ist zeitsparend, ferner soll es stützen, ermutigen und das Selbstwertgefühl stärken.

Seit den 70er Jahren wird in den Erziehungswissenschaften neben dem Lob auch die Ermutigung als Wertschätzungsinstrument aufgeführt. So stünde beim Lob der, der das Lob erteilt im Mittelpunkt und fördere dadurch eine gewisse Abhängigkeit vom Lehrer. Bei der Ermutigung steht die Beziehung des Kindes zu seiner Tätigkeit im Vordergrund. Lob bezieht sich auf den Handelnden, Ermutigung erkennt die Handlung an. In der betrieblichen Praxis ließe sich, aufgrund der Tatsache, dass wir es hier mit erwachsenen Menschen zu tun haben, deren Urteilsfähigkeit ausgeprägter ist, beides, nämlich die Person des Vorgesetzten mit der erbrachten Tätigkeit verbinden.

4.1.2 Lob und Wertschätzung im Unternehmen

Viele Führungskräfte in der unternehmerischen Praxis kommen vor lauter Forecasts, Kennzahlenorientierung, Zielerreichung, Kosten- und Prozessoptimierung u. v. m. noch immer kaum dazu, sich gerade in schwierigen und hektischen Zeiten etwas intensiver mit der Wertschätzung ihrer Mitarbeiter zu beschäftigen, so zahlreiche Aussagen. Dies liegt bestimmt auch daran, dass viele Führungskräfte sich schwer tun mit der Vergabe von Lob und Wertschätzung. Dabei setzen wir Lob ein, wenn wir eine Handlung anerkennen wollen. Lob bezieht sich auf das, was der Mitarbeiter macht/gemacht hat, auf die Handlungsebene, (z. B. ein Projekt). Wertschätzung bezieht sich auf den Menschen als Ganzes. Wir schätzen den „Wert" des Mitarbeiters, seine Eigenschaften wie Zuverlässigkeit, Engagement („Seins-Ebene"). Oder beherzigen wir bei Lob und Wertschätzung das schwäbische Sprichwort als Führungsdevise?

„Nicht geschimpft ist genug gelobt."

Dabei ist Leistung doch durch Geld genügend abgegolten! Geld ist aber vergänglich und Loben kostet nichts. Verbale Anerkennung durch Lob und Wertschätzung trägt aber entscheidend dazu bei, Mitarbeiter zu motivieren und deren Selbstachtung positiv zu beeinflussen.

In der Hierarchie der menschlichen Bedürfnisse von Maslow stehen die Bedürfnisse nach Anerkennung, Selbstbestätigung und Achtung weit oben. Mitarbeitermotivation hat nicht immer mit materieller Vergütung zu tun. Aufmerksamkeit, Anerkennung, Wertschätzung, persönliche Ansprache usw. sind heute besonders wichtige Führungstugenden, die ein angenehmes Arbeitsumfeld nicht nur für die Mitarbeiter schaffen und dazu gehört auch das Loben. Die Umsetzung solcher Tugenden funktioniert mit erstaunlich wenig Aufwand, wenn man sich jeden Tag ein bisschen Zeit dafür nimmt. Die Praktizierung einer „Lobkultur" kann sich dabei sehr positiv auswirken. Dies setzt voraus, dass derartiges auch im Führungsalltag praktiziert wird. So stand auf dem Flipchart im Büro des Geschäftsführers eines Unternehmens visuell ständig präsent: „Vergiss das Lob für gute Arbeit nicht." Wie sagte schon Benjamin Franklin:

> „Es ist ein Zeichen von Mittelmäßigkeit,
> nur mäßig zu loben."

Der meist sehr sparsame Umgang mit Lob und Wertschätzung mag vielleicht auch daran liegen, dass wir mehr das Negative an einer Arbeit sehen als das Positive und primär Fehler suchen oder aber, wer selbst wenig gelobt wird, lobt auch weniger weiter – und umgekehrt.

Im internationalen Vergleich gesehen, so auch Umfragen der europäischen Jobbörse Stepstone, sind deutsche Führungskräfte mit Lob außerordentlich sparsam. So gaben mehr als die Hälfte der befragten Mitarbeiter an, dass ihre Leistung nicht die Anerkennung und Würdigung genießt. Dies deckt sich auch mit unseren Ergebnissen einer Vielzahl durchgeführter Mitarbeiterumfragen für Unternehmen zum Führungsverhalten von Vorgesetzten in den verschiedensten Branchen. Berücksichtigen wir aber folgende Anmerkung von M. de Cervantes:

> „Ein Lob ist so viel wert wie der Mensch,
> der es ausspricht."

4.1.3 Einige Grundsätze für effizientes Loben

Sowohl in wirtschaftlich schwierigen Zeiten als auch derzeit durch die große Nachfrage nach kompetenten Mitarbeitern (Personalrekrutierung) sind motivierte und insbesondere mit dem Unternehmen identifizierte Mitarbeiter das Wertvollste, was ein Unternehmen haben kann. Dabei ist die Angst vor einem Verlust des Arbeitsplatzes kein Motivator, sie lähmt die Leistungsfähigkeit und Leistungsbereitschaft. Es mangelt an Anerkennung und ernstgemeintem Lob für gute Arbeit. Umgekehrt erwarten heute Mitarbeiter, die sich mit dem Unternehmen identifizieren sollen, ebenfalls Lob und Wertschätzung auch zur eigenen Überprüfung (Feedback) ihres Leistungsverhaltens. Anerkennung entfaltet nur dann seine motivierende und sich mit dem Unternehmen identifizierende Wirkung, wenn sich spürbar Wertschätzung ausdrückt. **„Fehlende Anerkennung ruiniert auf Dauer auch die ausgeprägteste Motivation und Unternehmensidentifikation."**

Das Potenzial und die Wirkung eines Lobes als Motivationsinstrument kann nur ausgeschöpft werden, wenn nachfolgende Anregungen im Führungsalltag Beachtung finden. Dabei bedienen wir uns für den betrieblichen Bereich auch wesentlicher Erkenntnisse aus den Erziehungswissenschaften, denn Erziehung ist nichts anderes als Führung auf einer altersspezifisch höheren Ebene. Verinnerlichen Sie dabei folgende Aussage des deutschen Philosophen Emanuel Wertheimer: **„Ein Mensch bedarf des Lobes fast wie der Nahrung."**

Beherzigen Sie den einen oder anderen Grundsatz für das Mitarbeiterlob:

- Nur dann loben, wenn es **gerechtfertigt** ist. Häufiges Lob wirkt schnell aufgesetzt, die Mitarbeiter nehmen es nicht mehr ernst. Wird ein Mitarbeiter jeden Morgen von seinem Abteilungsleiter dafür gelobt, dass er wieder pünktlich an seinem Arbeitsplatz ist, dann verpufft spätestens am 20. Arbeitstag diese Form der Anerkennung. Der Gelobte kann gerechtfertigte Anerkennung nicht mehr als solche erkennen. Lobt der Vorgesetzte täglich alles und jeden mehrfach, verliert das Lob ebenfalls seine Wirkung.

- Lob soll **sparsam** eingesetzt werden, also keine Selbstverständlichkeiten loben. Hierzu gibt es allerdings, so Fredmund Malik, Managementprofessor St. Gallen, zwei Ausnahmen: Jüngere Mitarbeiter gilt es häufiger zu loben, da sie noch keine Erfahrung besitzen. Ferner Mitarbeiter, die eine neue Aufgabe übernommen haben und somit noch nicht wissen, ob sie auf dem richtigen Weg sind. Ebenso brauchen Mitarbeiter häufigeres Lob in Krisenzeiten. In einer lang anhaltenden Krise gilt es, jede Möglichkeit wahrzunehmen, durch auch nicht voll gerechtfertigtes Lob ein Abgleiten in die totale Resignation und Frustration zu verhindern.

> **„Eine schöne Handlung aus vollem Herzen loben, heißt in gewissem Maße, an ihr teilhaben."**
> (Francois de La Rochefoucauld, französischer Adeliger und Politiker des 16. Jh.)

- Lob und Anerkennung immer nur **im konkreten Zusammenhang** mit einer erbrachten Leistung (in der Pädagogik als „Ermutigung" bezeichnet). Wichtig dabei ist, im Lob auf das Besondere dieser Leistung einzugehen, z. B. Leitung einer erfolgreichen Projektarbeit, und auch den Erfolg zu begründen bzw. zu kommentieren. Der Mitarbeiter muss erkennen, dass sein Vorgesetzter sich mit der zu lobenden Leistung auch auseinandergesetzt hat und sich damit identifiziert. Erwähnenswert sind dabei auch die persönlichen Qualitäten, mit denen der Mitarbeiter zu dieser Leistung beigetragen hat. Ferner kann ein Lob auch wahrgenommene Nebensächlichkeiten, aufmunternde Gegebenheiten usw. im Rahmen des Projektzeitraums beinhalten, um zu verdeutlichen, dass der Vorgesetzte nicht nur das lobt, was ihm persönlich passt.

> **„Dafür, dass uns am Lobe nichts liegt,
> wollen wir besonders gelobt sein."**
> (Marie von Ebner-Eschenbach,
> österreichische Schriftstellerin des 19. Jh.)

- Lob sollte **spontan** erfolgen, d. h. Anerkennung einer Leistung direkt **nach Erbringung** dieser. Ein späteres Lob könnte signalisieren, dass der Erfolg des Mitarbeiters nicht erkannt bzw. zu spät wahrgenommen wurde und ein Lob evtl. nur auf Hinweise von Dritten ausgesprochen wurde.

> **„Anerkennung freilich tut wohl, wenn sie
> von Menschen ausgesprochen wird, die selber
> welche gefunden haben."**
> (Markus Tullius Cicero, römischer Staatsmann)

- Außergewöhnliche Leistungen eines Mitarbeiters sollten in **Einzelgesprächen** gelobt werden, ansonsten könnte Neid und Missgunst geschürt werden. Dies gilt auch, wenn es schwächere Mitarbeiter für eine eigentlich selbstverständliche Leistung zu loben gilt, um diese zu stärken und Antrieb zu geben. Wertschätzung sollte auch von bestimmten Situationen und insbesondere Mitarbeitern abhängig gemacht werden. Lob ist nicht nur bei überdurchschnittlicher Leistungserbringung bedeutend. Auch die normalen, regelmäßigen Leistungen benötigen ab und zu eine Anerkennung, eine Wertschätzung.

Maxime muss sein, sparsam mit dem Instrument Lob umzugehen und nicht jede Selbstverständlichkeit zu belobigen.

**„Tadeln ist leicht; deshalb versuchen sich
so viele darin. Mit Verstand loben ist schwer;
darum tun es so wenige."**
(Anselm Feuerbach, deutscher Maler des 19. Jh.)

- Auch für **Teilerfolge** sollte es Lob und Wertschätzung geben. Dieses „Zwischenlob" ist insbesondere bei der Abarbeitung langfristiger Aufgaben/Projekte wichtig, um einerseits die Motivation und die weitere Leistungsbereitschaft aufrecht zu erhalten, andererseits um den Enthusiasmus und die Einsatzfreude der Mitarbeiter zu beflügeln und zu verstärken.

„Was unsere Epoche kennzeichnet, ist die Angst,
für dumm zu gelten, wenn man etwas lobt,
und für gescheit zu gelten, wenn man etwas tadelt."
(Jean Cocteau, französischer Schriftsteller des 19. Jh.)

- Ist eine hervorragende Arbeit auch mit hohem Arbeitseinsatz und **vielen Überstunden** an Samstagen und Abenden erbracht worden, sollte in einem persönlichen Anerkennungsgespräch Wertschätzung entgegengebracht werden, auch auf die Reaktion und das Empfinden der Freunde und insbesondere der Familie eingegangen werden.

> **„Wenn es für's Loben Kontoauszüge gäbe,**
> **ständen viele Leute dauernd im Minus."**
> (Th. Helberend)

- Haben sich Kunden, Lieferanten, andere Mitarbeiter oder Führungskräfte anerkennend und lobend gegenüber dem eigenen Mitarbeiter ausgedrückt, gilt es, dieses Lob persönlich dem Mitarbeiter **weiterzugeben**. Dies kann auch mal, zu gegebenen Anlass, an den nächst übergeordneten Vorgesetzten übermittelt werden.

> **„Wer ständig mit Lob geizt, zeigt damit**
> **seine eigene Mittelmäßigkeit."**
> (Luc de Clapiers, französischer Philosoph
> des 18. Jh.)

- Loben heißt, **authentisch sein**; etwas anzuerkennen bedeutet, einfach auszusprechen, was der Vorgesetzte an seinem Mitarbeiter schätzt. Authentisch sein ist, seine inneren Gedanken auszuformulieren und natürlich wiederzugeben. Dies darf dem Vorgesetzten nicht peinlich sein. Lob und Wertschätzung auszusprechen bedeutet somit, die Situation zu erfassen, sich auf seinen Gegenüber, seinen Mitarbeiter, einzustellen und das auch so formulieren, was man denkt.

> „Der herbste Tadel lässt sich ertragen, wenn man fühlt, dass der Tadelnde lieber loben würde."
> (Marie von Ebner-Eschenbach,
> österreichische Schriftstellerin des 19. Jh.)

- Ein Grund, warum von Führungskräften oftmals wenig Lob und Wertschätzung ausgeht, ist, dass sie es **nicht gelernt haben**, damit umzugehen und dass sie selbst wenig Anerkennung durch Lob erfahren haben, weder von oben (ihrem Vorgesetzten) noch von unten (Mitarbeiter) aus der Hierarchieebene. Zum Loben seiner Mitarbeiter gehört auch ein hohes Maß an Selbstbewusstsein, denn nur wer seine eigene Leistung schätzt, kann auch die anderer loben.

> „Über den Tadel sind viele erhaben,
> weniger über das Lob."
> (Carl Gustav Jochmann, deutscher
> Publizist des 18. Jh.)

Gelobt und wertgeschätzt zu werden, ist eine besonders wohltuende und motivierende Form der Rückmeldung nicht nur im Unternehmen, sondern auch in der Familie und der Partnerschaft. Darauf ist jeder Mensch angewiesen. Lob ist Nahrung für die Seele, es verstärkt Auftrieb und Zuversicht. Ein Lob muss ehrlich sein, ansonsten führt es zu Demotivation und führt zu

Identifikationsverlust mit der Arbeit und dem Unternehmen und dies ist gerade in heutiger Zeit zu bedenken. Lob motiviert allerdings auch nur dann, wenn es „Gewicht" hat, wenn es authentisch ist, wenn es von jemandem ausgesprochen wird, den die Mitarbeiter anerkennen und respektieren. Lob aussprechen ist nicht ein Zeichen der Schwäche oder des sich Anbiederns.

Lob und Wertschätzung aussprechen, setzt bei einer Führungskraft bewusstes, ständiges, waches und interessiertes Wahrnehmen und Beobachten des Mitarbeiterverhaltens voraus. Zu loben schult auch die Aufmerksamkeit für das Schöne, Gute und Herausragende. Lob hilft damit, die immer und überall auch vorhandenen Schattenseiten eines Berufslebens leichter und nachsichtiger zu nehmen und somit das Maß der Freude für alle zu erhöhen. **„Die Schaffung einer individuellen Lobkultur"** ist angesagt. Und hierzu abschließend in kurzer Form eine kleine Regelkunde für das Loben.

4.1.4 Eine kleine „Lob-Regelkunde"

Die Wichtigkeit des Lobens in unserer heutigen Führungspraxis liegt einerseits in der fehlenden Anerkennung, die viele Menschen im Beruf und im Alltag nur selten erhalten. Andererseits vielleicht auch in der Befriedigung der Eitelkeit mancher Menschen, die für Lob und Wertschätzung empfänglich macht. Aufrichtiges Loben als Teil unserer Kommunikationskultur und als Wertschätzungsform im Unternehmen, in der Gesellschaft und in der Familie will gelernt sein, muss man wollen und auch können. Daher hier abrundet zu diesem Kapitel einige bewährte

Regeln in Kurzform, denn Lob wirkt nicht an sich, sondern nur unter bestimmten Umständen und Voraussetzungen:

- Nicht wahllos und zu oft loben: Wird täglich zuhause oder am Arbeitsplatz alles und zu viel lobend erwähnt, verliert das Instrument seine Wirkung;
- Ehrlich ausgesprochenes Lob ist wichtig: ein Lob als Anerkennung wirkt nicht, wenn der Gelobte Widerwillen spürt;
- Lob sollte uneingeschränkt artikuliert werden: „Lobkiller" vermeiden wie z. B. „Gut gemacht, das habe ich von Ihnen erwartet";
- Nicht zu überschwänglich loben. Zu dick aufgetragenes Lob verliert seinen Anerkennungs- und Motivationswert;
- Lob und Wertschätzung nicht als Entschuldigung für ein früheres Fehlverhalten missbrauchen, z. B. ungerechtfertigte oder zu harte Kritik auch vor anderen Kollegen;
- Loben nicht als Ablenkung von z. B. schlechten Arbeitsbedingungen, Unterbezahlung, Überlastung usw. nutzen. Loben kann kein Ersatz für betriebliche Mängel sein, es wirkt am effizientesten in einem guten und gesunden Betriebsklima;
- Lob sollte am richtigen Ort und der richtigen Umgebung ausgesprochen werden, z. B. ist es manchen Mitarbeitern peinlich, öffentlich oder vor vielen gelobt zu werden, andere genießen dies;
- Öffentliches Lob für einen Mitarbeiter sollte nicht in Verbindung mit einer gleichzeitigen Herabsetzung oder gar Tadel und Kritik für andere verbunden sein;

- Nicht pauschales Lob aussprechen, z. B. tolle Arbeit, mach weiter so. Konkret auf die besondere Leistung eingehen;
- Loben ist etwas Persönliches, das verbal kommuniziert wird und nicht über E-Mail oder über dritte Personen übermittelt wird;
- Loben Sie nicht nur die Leistung ihres Mitarbeiters, sondern auch sein Verhalten wie z. B. Einsatz, Geduld, Anstrengung, Hilfsbereitschaft;
- Geben Sie extern erhaltenes Lob von Geschäftspartnern, von Kunden oder gar von Führungskräften anderer Abteilungen/Bereiche weiter. Die Mitarbeiter werden sich über ein positives Feedback von außen freuen und in ihrer Arbeit bestätigt wissen;
- Ein ausgesprochenes Lob sollte nachvollziehbar sein, indem die positive Wirkung dieser Leistung für die Abteilung oder gar das Unternehmen insgesamt herausgestellt und erwähnt wird.

> **„Wer mit Anerkennung knausert,**
> **spart am falschen Ort."**
> (Dale Carnegie, amerikanischer
> Kommunikationstrainer)

Lob als Führungsinstrument richtig angewandt, darf sich nicht als Einbahnstraße betrieblicher Kommunikation von „oben nach unten" (top down) entwickeln, sondern umgekehrt von „unten nach oben" (bottom up), denn Führungskräfte brauchen genauso Anerkennung durch Lob und Wertschätzung, „Streicheleinheiten" und Motivation. Auch diese Form des Lobes will gelernt sein und darf nicht schmeichelnd oder aufgesetzt wirken und es muss von einer Führungskraft auch zugelassen werden.

Mit dem Instrument „Loben" sollten Maßstäbe gesetzt, Orientierung vermittelt werden und dies nicht nur für die unmittelbar betroffene Person, sondern auch für alle anderen. Dabei ist die Wirkung auf andere Mitarbeiter meist wichtiger als die Wirkung auf die gelobte Person.

Kritik und Tadel lähmen, Wertschätzung und Lob beleben. Anerkennung durch Lob und Wertschätzung kann schlummernde Kräfte und Potenziale wecken und nachhaltig wirken.

Lob und Wertschätzung sollten aber nicht nur auf die Mitarbeiter und die Führungskräfte beschränkt werden. Auch Kunden und Lieferanten sollte öfters bewusst gemacht werden, dass die Zusammenarbeit mit ihnen, ihre Bemühungen und Aktivitäten und ihr Engagement geschätzt und zum Wohle beidseitiger Beziehungen gebraucht werden. Dies gilt übrigens auch über die eigenen Abteilungs- und Bereichsgrenzen im Unternehmen hinaus.

Wir gehen sogar noch weiter: Wann haben Sie in Ihrer Beziehung zum letzten Mal Ihren Partner oder Ihre Partnerin verbal gelobt bzw. in ihrem privaten Umfeld einem Freund oder einer Freundin Wertschätzung entgegengebracht?

„Wer befehlen kann, wird loben."
(Johann W. von Goethe)

Sehr viele Unternehmen geizen noch in ihren Firmengrundsätzen mit dem Lob als einem Leitpunkt und Führungsgrundsatz. Die **Fa. Bosch**, ein Automobilzulieferer führt unter dem Grundsatz Nr. 6, Feedback geben, an, die Stärken der Mitarbeiter zu nutzen und auszubauen: Loben Sie, aber üben Sie auch faire konstruktive Kritik. Die **Fa. Agaplesion**, ein Unternehmen der Gesundheitsbranche, weist in ihren Mitarbeiter-Verhaltensgrundsätzen darauf hin, „… wir vergessen nicht, Gutes auch zu loben". Das **ZDF** spricht von sachlichem Feedback durch Lob, Anerkennung, Kritik oder Ermahnung als Teil einer offenen und respektvollen Zusammenarbeit.

Verwendete und empfehlenswerte Literatur:

Bach, D.: Mehr Wertschätzung und Anerkennung im Job, Hamburg 2012

Birkenbihl, V. F.: Die Kunst des Lobens, Bonn 1988

Dinkmeyer, D./Dreikurs R.: Ermutigung als Lernhilfe, Stuttgart 1973

Dreikurs, R. u. a.: Schülern gerecht werden. Verhaltenshygiene im Schulalltag, München 1976

Fabian, C.: Lob und Anerkennung, Darmstadt 2018

Hofer, M.: Zu den Wirkungen von Lob und Tadel, in: Bildung und Erziehung 38/1985, S. 415–427

Kratz, J.: Richtig loben und motivieren, Regensburg 2000

Malik, F.: Gefährliche Managementwörter, Frankfurt 2017

Malik, F.: Führen, Leisten, Leben, Frankfurt 2014

Neubach, G.: Wertschätzung schafft Wertschöpfung, in: Update, 21/2015, S. 23–27

Prost, W.: Führen mit Autorität und Charisma, Wiesbaden 2008

Ruppert, Ch.: Lob und Tadel. Zu Einsatz und Wirkungsmöglichkeiten pädagogischer Maßnahmen, Grin 2009

4.2 Management by Walking Around

4.2.1 Mitarbeiter steht im Vordergrund

> „Der Kontakt zu den Mitarbeitern
> bildet den Kern der Führungsaufgabe."
> (E. Strasser, ehemaliger Bundesinnenminister)

Schon dem römischen Kaiser Hadrian, der in der Zeit von 76–138 nach Christus lebte, fehlte etwas, was heute bei den meisten Führungskräften, sei es in der Wirtschaft, der Verwaltung und insbesondere in der Politik, sehr knapp bemessen ist: Nicht etwa die fehlende Fachkompetenz, Engagement oder Einsatzfreude, sondern eine wichtige Führungskompetenz, nämlich ausreichend **Zeit zur Mitarbeiterführung**, um sich mit den Mitarbeitern unterhalten zu können, sich um sie zu kümmern, anzuleiten und zu bemühen. Dies ist gerade heute durch die schwierige Gewinnung qualifizierter Mitarbeiter von Seiten der Unternehmen eminent wichtig.

Trotz 12–14stündiger täglicher Arbeitszeit, die oft vorgeschoben wird, stoßen derart gestresste und meist rastlose Führungskräfte bei ihren Mitarbeitern selten auf Verständnis oder gar Mitleid. Dies gilt auch für die Politiker, die sich zu gerne mit Sitzungen und Gesprächen bis früh morgens um 5.00 Uhr schmücken. Eine Erfahrung, die schon vor knapp 2.000 Jahren auch Kaiser Hadrian machen musste, als er einer alten Römerin, die um ein Gespräch bei ihm bat, sagte, er habe keine Zeit. Darauf entgegnete ihm diese: **„Dann sei kein Kaiser."**

Auf die heutige Führungspraxis übertragen bedeutet dies, dass sich mit Geld allein die Leistungsbereitschaft der Mitarbeiter nicht erhöhen und halten lässt. Dies zeigen auch viele unserer empirischen Untersuchungen zur Mitarbeitermotivation in Unternehmen.

Motivation wird heute über eine Vielzahl von intrinsischen und extrinsischen Faktoren erzielt und verlangt in besonderem Maße den einfühlsamen Umgang mit dem so wichtigen „Produktionsfaktor" Mensch, der ja, so ist es in vielen Unternehmensberichten und Unternehmensgrundsätzen meist zu lesen, der wichtigste Erfolgs- bzw. Vermögensfaktor des Unternehmens sei, den es zu hegen und zu pflegen gilt. Dies wird auch durch den Begriff „Human Resource Management" treffend ausgedrückt.

Dabei gehören Delegation, Information und Anerkennung ebenso dazu, wie der Kontakt zu und das offene und regelmäßige Gespräch mit den Mitarbeitern und dies bedeutet, sich **Zeit für seine Mitarbeiter** zu nehmen. Dieser menschliche Aspekt der Führung wird heute häufig vernachlässigt bzw. als gegeben hingenommen und dies in einer Zeit, in der sich der Wunsch nach Kommunikation, insbesondere von „unten nach oben" enorm verstärkt hat.

> „Echte Leader schauen nicht in Führungsbücher,
> sondern in die Augen ihrer Mitarbeiter."
> (Monique R. Siegel, ehemalige
> deutsche Skilangläuferin)

4.2.2 Vorgesetzte zum „Anfassen" gewünscht – soziale Bestätigung entfrustet

Auf die Mitarbeiter eingehen, Kontakt halten, Empathie zeigen, offene Gespräche führen, Small Talks am Arbeitsplatz, bedeutet, der Vorgesetzte muss auch unter die „Leute gehen". Ein freundlicher Gesichtsausdruck, ein erfrischender Gruß, ein Kopfnicken, ein Blickkontakt, ein Lächeln, wirken auch beim Vorübergehen meist aufmunternd und bestätigend auf den Mitarbeiter, insbesondere dann, wenn dieses Verhalten nachhaltig ist. Vor allem bei Mitarbeitern, die relativ einfache oder sich ständig wiederholende Tätigkeiten, z. B. in der Produktion, im Lager, in der Verpackung, verrichten, zeigt das besondere Wirkung. Dies gilt auch bei neuen Mitarbeitern, die noch in der Phase der Orientierung und Einarbeitung sind und für die sich noch keine sichtbaren und greifbaren Arbeitserfolge und -ergebnisse abzeichnen lassen. Gerade hier kann gleichgültiges Verhalten des Vorgesetzten eine positive Einstiegsmotivation und Unternehmensidentifikation nur unterbinden und verhindern. So gehört es einfach dazu, dass sich die Geschäftsführung bereits bei der Begrüßung der neuen Auszubildenden zeigt und sich aktiv in mögliche Onboarding-Programme für neue Mitarbeiter einbindet oder die Begrüßung von Führungskräftetrainings, die inhouse durchgeführt werden, übernimmt.

Bestätigung für und Interesse an ihrer Arbeit sehen die Mitarbeiter meist schon darin, dass sich ihr Vorgesetzter, ihre Führungskraft überhaupt sehen lässt. Viele Gespräche mit Mitarbeitern und Ergebnisse eigener empirischer Untersuchungen insbesondere auch in Mittelständischen Unternehmen zeigen sehr deutlich, dass der direkte Vorgesetzte, der Geschäftsführer oder der Vorstand zum „Anfassen" gewünscht werden. Diese Forderung wird auch im Rahmen von zahlreichen Umfragen zum Betriebsklima oder von Vorgesetztenbeurteilungen sehr häufig aufgeführt, indem zu seltener Kontakt zum Vorgesetzten und auch deren übergeordnetem Vorgesetzten (Bereichsleiter, Geschäftsführer) beklagt wird und selbst in mittelständischen Unternehmen mit 150 bis 800 Beschäftigten sogar kaum Kontakt, oftmals sogar wenig „Sichtkontakt" besteht, selbst in Unternehmen mit mehreren Geschäftsleitungs- und Vorstandsmitgliedern.

Der Rundgang durch die Abteilung, durch Funktionsbereiche wie Logistik, Fertigung, Vertrieb und das Unternehmen, insbesondere, wenn nur ein Unternehmensstandort besteht, ist für die Motivation und die Identifikation von einer nicht zu unterschätzenden Bedeutung.

Erste Ansätze dieses **Management by Wandering Around** wurden bereits in den 70er Jahren von Führungskräften der Fa. Hewlett Packard entwickelt und praktiziert. Ziel war es, die Führungskräfte spontan aus ihren Büros zu locken, um mit den Mitarbeitern und den Kunden zu kontakten und zu kommunizieren. Bekannt wurde dieses Führungsinstrument durch Thomas Peters und Robert Waterman in den 80er Jahren „… **top ma-**

nagers engaged in interacting with employees and customers were more successful than those with isolated management".

Der Schlüssel des Management by Walking/Wandering Around liegt in der direkten Kommunikation zwischen Führungskräften und Mitarbeitern. „The concept allows a manager to be walking around with (his or her) eyes open asking questions like crazy and trying to understand, what the employees are doing."

Es ist kaum zu glauben, wie eifersüchtig darüber oftmals gewacht wird, wie oft sich die Abteilungs- oder Bereichsleitung, die Geschäftsführung oder der Vorstand in einer Niederlassung, einer Geschäftsstelle oder einer weiter entfernten Abteilung eines Hauptstandortes sehen lässt und in einer anderen nicht. Meist wird von Mitarbeiterseite die Besuchs-/Kontakthäufigkeit mit der Wichtigkeit der Arbeit gleichgesetzt, d. h. häufiger Besuch hohe Wichtigkeit, seltener Kontakt weniger Wichtigkeit. Daher gilt es, bei Rundgängen durchs Werk, durch ein Gebäude (z. B. Verwaltungsgebäude), beim Besuch von Niederlassungen, Filialen oder Geschäftsstellen auf eine einigermaßen gleichmäßige Besuchsverteilung zu achten. Wie sagte der Geschäftsführer eines großen Handelsunternehmens: „Eine Art Touren- oder Besuchsplanung über den jeweiligen Monat, das Quartal oder Jahr leistet mir hier erhebliche Dienste."

Wie oft führt gerade, z. B. bei der Vielzahl von Geschäftsstellen einer Bank, der Weg des Vorstandes für die Wahrnehmung von Außenterminen mit Kunden oder sonstigen Institutionen an den eigenen Geschäftsstellen vorbei. Warum ist es so schwierig, sich nicht mal 20 Minuten Zeit zum „Rein schauen" zu nehmen, die Mitarbeiter begrüßen oder auf die Schnelle eine Tasse Kaffee zu trinken (**walk to talk**) und dies, ohne dass besondere Arbeitsprobleme besprochen werden müssen. Der Organisationspsychologie Prof. Rogelsberg schlägt sogar vor, dieses Besuchen von, z. B. 5–10 Mitarbeitern einer Niederlassung, eines Großraumbüros, einer Geschäftsstelle für ein kurzes Stand-up-Meeting zu nutzen und danach zu entscheiden, ob eine intensive, längere Sitzung angebracht ist oder ob dieses kurze informelle spontane Treffen ausreicht und dies durchaus im Stehen.

Denken Sie an ein Zitat von Johann Wolfgang von Goethe, der sehr treffend gerade bezogen auf die heutige Zeit in Sachen Motivation und insbesondere Identifikation, folgendes sagte:

> „Ein edler Mensch zieht Menschen an
> und weiß sie festzuhalten."

4.2.3 Führungsverhalten und Image muss gelebt werden

Schlechter Führungsstil ist es, wenn sich die Geschäftsführung nur bei auftretenden Problemen und Unstimmigkeiten in den jeweiligen Abteilungen oder Bereichen sehen lässt, um „Strafaktionen" in Form von heftiger Kritik oder „Management by Champignons" (Kopf-ab-Strategie – Köpfe rollen) zu praktizieren und dies noch vor versammelter Belegschaft. Ebenso untragbar ist ein Führungsverhalten, wenn bei Vorliegen eines bestimmten Sachverhaltes der Mitarbeiter am Telefon selbst abgefertigt wird oder per Telefon in das Büro des Chefs zitiert wird. Dort darf er dann, vor dem Schreibtisch des Vorgesetzten stehend oder sitzend, seine „Belobigung" abholen. So berichtet ein Mitarbeiter, dass einige seiner Kollegen beim Anruf des Vorgesetzten sofort hektisch aufspringen und das Telefonat stehend führen.

Es entspricht ebenfalls nicht den Prinzipien der Führung von Mitarbeitern im Zeitalter der Digitalisierung Lob oder Tadel über E-Mail oder SMS zu übermitteln. Peters und Waterman formulieren dies wie folgt: „Management by Wandering Around is a method for eliminating the barrier of the reference desk which is between the colleague and the superior."

Nicht nur das Interesse für die Arbeit der Mitarbeiter sowie deren Leistungen gilt es häufiger anzuerkennen, darüber hinaus wichtig ist die soziale Bestätigung. „Wir sind sowieso die Letzten", „Nur der Vertrieb und die Abteilungen mit Kundenkontakt zählen", „Sie verkehren ja nur noch oder sprechen nur noch mit Ihresgleichen" oder „Die sitzen warm in Ihren Elfenbeintürmen" sind meist Bemerkungen, die in diesem Zusammenhang häufig von Betroffenen geäußert werden. Wenn es schon heißt, die Mitarbeiter sind unsere wichtigsten Vermögensposten bzw. Erfolgsfaktoren" gilt es auch danach zu handeln und sich zu verhalten. Übrigens, dieses Verhalten gilt auch für die Politik auf allen Ebenen. Wie sagte schon der chinesische Philosoph Konfuzius: **„Wer aufrichtig ist, dem vertraut das Volk."**

Mitarbeiterführung heißt auch, die Menschen im Unternehmen als Partner anzusehen, für die sich die Vorgesetzten und insbesondere die Geschäftsführung interessieren. Machen Sie **Betroffene zu Beteiligten.** Und dazu gehört ein persönliches Wort, die persönliche Ansprache, die namentliche Ansprache, eine nette Geste, Augenkontakt u. v. m. Die kleinsten Dinge sind oft die wichtigsten, wichtiger als manche Vertriebs- oder Marketingstrategie.

Themen für solche **Alltagsgespräche**, auch **„Small Talks"** genannt, gibt es genügend, so vielgestaltig das Leben am Arbeitsplatz ist, so vielfältig sind die Gesprächsinhalte, über die es sich zu unterhalten lohnt. Denken Sie auch immer daran, dass der Mensch über 60 % seiner erlebbaren Zeit (ohne Schlafenszeit) während der Berufstätigkeit am Arbeitsplatz verbringt.

Ob Autos, Sport, Urlaub, Familie, Hobbys, außerbetriebliche Aktivitäten und Engagements (im Ehrenamt), aber auch betriebliche Belange wie Ideenmanagement, Kantine, Werkssport, Ausbildung usw., es lässt sich meist ein gemeinsamer Gesprächsnenner finden. Man muss nur wollen und auch können. Dies setzt natürlich voraus, dass Sie als Vorgesetzter etwas mehr über Ihre Mitarbeiter und deren Interessen wissen.

Wie sagte schon Oscar Wilde, ein irischer Schriftsteller des 19. Jh. hierzu:

> „Das ist die Kunst des Gesprächs:
> **Alles zu berühren und nichts zu vertiefen."**

Bei solchen Alltagsgesprächen spielt die Art, wie die Unterhaltung geführt wird, eine größere Rolle als die inhaltliche Tiefe. Sie sollten zufällig, spontan, locker und in einem umgangssprachlichen Ton geführt werden. Small Talks sind keine aufgezwungenen Unterhaltungen mit peinlichen Gesprächspausen. Small Talks sind kleine, eher unstrukturierte, meist unverbindliche Gespräche, bei denen es vorrangig um eine persönliche Beziehung und ein Kennenlernen geht oder im Vorgesetzten-Mitarbeitergespräch auch um ein Aufgreifen von und auch Eingehen auf persönliche Dinge wie Sportfan, Familie, Freizeitbeschäftigung.

Diese Gespräche sollen Klima und Atmosphäre schaffen. Sie sind aktive Beziehungsarbeit, die Sie so angenehm wie möglich gestalten sollten. Verwechseln Sie dabei unverbindlich nicht mit belanglos. Schwätzer sind dabei ebenso unerwünscht wie hartnäckige Schweiger. Beide Seiten sollten sich im Gespräch wohl fühlen. Überhaupt ist Freundlichkeit hier oberstes Gebot.

> **„Vertrauen gibt in diesem Gespräch**
> **mehr Stoff als der Geist."**
> (Francois de La Rochefoucauld,
> französischer Adeliger des 17. Jh.)

Ein strahlendes Lächeln ist der beste Eisbrecher, um Mitarbeiter für sich einzunehmen. Und natürlich gute Umgangsformen. Die geistreichste Plauderei ist wirkungslos, wenn Sie dabei aus dem Fenster, an die Decke des Raumes oder dauernd auf die Uhr schauen. Obwohl die Stimme etwas Interessantes spricht, verraten Gestik und Mimik Langeweile oder Desinteresse. Durch solche Gespräche, die keine Alltagsfliege sein sollten, können Führungskräfte ihre Mitarbeiter besser kennenlernen, auch aus einer anderen Inhaltsperspektive. Diese Form der sozialen Bestätigung verkürzt Hierarchiedistanzen, schafft viel mehr Mitarbeiternähe, hebt die Leistungsfähigkeit (intrinsische Motivation) und die Leistungsbereitschaft (extrinsische Motivation) und stärkt das Selbstbewusstsein. Gerade selbstbewusste und mit dem Unternehmen identifizierte Mitarbeiter sind auch eher bereit, innovativer zu sein, initiativ und kreativ zu werden sowie Verantwortung zu übernehmen. Insbesondere letzteres wird doch heute sehr häufig beklagt und gefordert.

Und noch eins bestätigen viele Führungskräfte in Sachen „Small talk". Sie stoßen dabei des Öfteren auf schlummernde Potenziale bei Ihren Mitarbeitern, die für betriebliche Belange nutzvoll und effizient eingesetzt werden könnten. Diese „kleine Potenzialanalyse" aus einem Gespräch führt sie zu verborgenem Wissen und Können, das nach Feierabend nicht mehr zur Verfügung steht – da möglicherweise nie entdeckt – oder gar mit dem Ende des Arbeitslebens unwiderruflich verloren ist. Hierbei wurden insbesondere musikalische Potenziale, Führungs- und Fachpotenziale in ehrenamtlichen Tätigkeiten, in Sportvereinen oder bei der freiwilligen Feuerwehr, sportliche Höchstleistungen usw. hervorgehoben. Halten Sie es mit Peter F. Drucker, einem bekannten amerikanischen Ökonomen, der viel über die Theorie und Praxis des Managements schrieb:

„Vielleicht kennzeichnet nichts die effektive Führungskraft
so sehr wie die zärtliche Behutsamkeit,
mit der sie ihre Zeit pflegt."

4.2.4 Rhetorische Pflichtübungen schaden, der Gruß/ die Anrede, darf nicht zur Floskel werden

Die Führungskraft, die grußlos die Geschäftsräume des Unternehmens betritt, der Geschäftsführer, der im Schnellschritt durch die Abteilungen stürmt und bei einem Rundgang grundsätzlich nur mit dem Abteilungsleiter spricht, der Bereichsleiter, für den der Mitarbeiter erst ab einer bestimmten Hierarchieebene zum Ansprechpartner wird oder der Vorstand, der den Kontakt zu seinen Mitarbeitern gezielt vermeidet (morgens der Erste, abends der Letzte oder über die Tiefgarage und den Aufzug sein Bürostockwerk betritt oder einen Aufzug nutzt, der nur der Upper Class vorenthalten ist), beklagen sehr viele Mitarbeiter und sollte ab sofort der Vergangenheit angehören. Selbst das Treffen des Geschäftsführers im Aufzug auf dem Weg nach oben oder unten löst bei vielen Mitarbeitern eine gewisse Zufriedenheit aus.

Leider zählen auch solche Führungskräfte noch heute zur lebendigen Gegenwart und dies in einer Zeit, in der der Teamgedanke großgeschrieben wird, die Duz-Kultur auf dem Vormarsch ist, flache Hierarchien geschaffen werden und der Chef zum „Anfassen" gewünscht wird. Gerade die Arbeit im Team und die interdisziplinäre sowie abteilungsübergreifende Zusammenarbeit auch in Projektgruppen und Prozessen setzt diese soziale Anerkennung voraus.

Von entscheidender Bedeutung beim Gruß, im Gespräch oder beim Aussprechen eines Lobes ist dessen individuelle Ausrichtung. Anreden wie „Geht es Ihnen gut" oder „Ist alles in Ordnung", bei sich ständig wiederholender solcher oder ähnlicher Ansprachen, die dann auch noch im Vorbeigehen praktiziert werden, ohne die Antwort abzuwarten, ist die Gefahr sehr groß, dass diese Form der Anerkennung und sozialen Bestätigung schnell zur Floskel wird. Derartige „Allerweltsansprachen" wirken häufig wie eine Pflichtübung und verlieren schnell ihre beabsichtigte Wirkung. Sie zeigen schon sehr frühzeitig, dass hier etwas gesagt wurde, nur um überhaupt etwas zu sagen. Diese Form der Wertschätzung durch einen Gruß wird von den Mitarbeitern sehr schnell durchschaut und kehrt sich oftmals ins Gegenteil um, da sie im Grunde Nichtachtung bzw. Nichtbeachtung beweist. Damit geht „kleine" und auch „kurze" Gesprächskultur verloren.

„Wenn ich nachdenke, was eigentlich die Grundlage der Führung sein muss, dann ist es die Fähigkeit zum Gespräch."
(Habbel, Wolfgang, ehemaliger
Vorstandsvorsitzender von Audi)

Angelehnt an die englische Sprache, in der es auf rein sprachlicher Ebene keine Unterscheidung zwischen dem „Du" und dem „Sie" gibt (dort macht den Unterschied die Betonung des

Wortes aus), soll das Duzen persönliche Nähe schaffen und das „Wir-Gefühl" stärken sowie eine moderne Philosophie nach außen betonen.

So zählt beim schwedischen Möbelkonzern Ikea das „Duzen" auf allen Ebenen schon seit Jahren zur Unternehmenskultur. VW hat englisch zur Unternehmenssprache gemacht und somit die formale Ansprache in der „Sie-Form" abgeschafft.

Insbesondere in Start-ups gehört der lockere Umgang und das kollegiale „Du" untereinander fest zur Unternehmenskultur. Bei der Otto-Group fällt dieser Ansatz unter die Rubrik „Kulturwandel 4.0". So bot der damalige Chef Hans-Otto Schrader seinen über 50.000 Mitarbeitern an, ihn zu Duzen und mit seinem Spitznamen „Hos" anzusprechen auch mit dem Ziel, Hierarchieebenen abzubauen, Barrieren einzureißen und Synergien zwischen den Mitarbeitern und Führungskräften zu fördern. In der Literatur und betrieblichen Praxis gibt es hierzu eine Vielzahl von Pros und Contras.

Die Online-Jobbörse Stepstone und die Managementberatung Kienbaum haben hierzu eine Studie durchgeführt und prognostizieren dabei ein langsames Aussterben der „Siez-Kultur". Dies hat nicht unerhebliche Auswirkungen auf die Mitarbeiterführung, denn das „Duzen" soll Hierarchien überwinden. Dies schafft auch **neue Bedingungen für die Mitarbeiteransprache** (Gruß, Anrede, Small Talk). Dabei sei es heute wichtig, so ein Ergebnis dieser Studie, dass betriebliche Entscheidungen in der Zukunft schnell und nicht mehr nur von Führungskräften getroffen werden (agile Führungskraft). In diesem Umfeld würden Hierarchien zum Hindernis für effektives Arbeiten. Gerade im Hierarchieabbau und der Übertragung von Führungsaufgaben auf die Mitarbeiter sehen die Forscher nicht nur einen Vorteil für ihre Organisationsentwicklung, sondern auch im Bereich Personalmarketing und Employer Branding.

Generell gilt es aber zu prüfen: Passt das „Du" zur wirklichen Vertraulichkeit zwischen Vorgesetztem und Mitarbeiter in unserem Unternehmen? Passt diese Anrede zur Unternehmenskultur unseres Hauses? Denn ist die „Duz-Kultur" eingeführt, kann sie später nur sehr schwer wieder zurückgenommen werden. Schafft dieser lockere Umgang und das kollegiale Du untereinander soziale Anerkennung oder besteht die Gefahr von zu viel Nähe an Persönliches im Geschäftsleben? Chancen und Risiken liegen sehr dicht beieinander.

4.2.5 Kommunikation geht in beide Richtungen – Neue Gegebenheiten am Arbeitsplatz

In einer Zeit, die immer stärker durch Informationstechnologie, Digitalisierung und Globalisierung sowie veränderte Arbeitsplätze und -bedingungen und den rasant voranschreitenden Wertewandel der Mitarbeiter im Rahmen des Generationenmanagements gekennzeichnet ist, geht oftmals mit einem Verlust an Kommunikationskultur einher. Mitarbeiterorientierten Führungskräften gehört aber die Zukunft. Solche Vorgesetzte sind nicht ohne weiteres zu finden, so die Aussagen vieler Mitarbeiter der verschiedensten Branchen. Dies wurde auch schon sehr frühzeitig von Rockefeller erkannt, dem folgende Äußerung zugesagt wird:

> „Was mich anbetrifft, so zahle ich für die Fähigkeit, Menschen richtig zu behandeln, mehr als für irgendeine andere auf der ganzen Welt."

Es darf einfach nicht soweit kommen, dass sich Mitarbeiter untereinander, deren Büros auf einem Büroflur liegen, nur noch über E-Mail, SMS, Whatsapp, die sozialen Medien wie Facebook, Instagram usw. Informationen austauschen und kommunizieren. Dies trifft auch sehr häufig auf die Kommunikation von oben nach unten zu. Die Literatur zum Thema „Kommunikationsstrukturen in digitalen Welten" ist voller Konzepte und Strategien. Digitale Medien verändern die menschliche Kommunikation in fast allen Bereichen unserer Gesellschaft. Dabei prägen insbesondere mobile digitale Geräte wie Smartphones oder Tablets die Art und Weise, wie wir miteinander kommunizieren, uns informieren, mit anderen kooperieren und am gesellschaftlichen und beruflichen Leben teilnehmen. Die Entwicklung hin in Richtung „digitale Gesellschaft" erfordert auch im Unternehmen eine Neuorientierung der Führung, der Kommunikation, der Arbeitsprozesse/-strukturen u. v. m.

Direkte mitarbeiterorientierte Führung scheitert selbst in mittelständischen Unternehmen heute nicht nur an der Person derer, die Mitarbeiter führen, sondern auch sehr häufig an betrieblich-organisatorischen Belangen und Gegebenheiten. In einer Zeit des Lean Management, der Streichung von Hierarchieebenen, der Zusammenlegung von Abteilungen und Bereichen und auch deren teilweise Auslagerung, dem Homeoffice u. v. m. fällt es den noch übriggebliebenen Führungskräften immer schwerer, den direkten Kontakt zur Basis nicht zu verlieren und das Gespräch mit einzelnen Mitarbeitern zu finden. Im Mittelstand wirkt noch zusätzlich erschwerend, dass die Aufgabe der Mitarbeiterführung, so der Geschäftsführer eines Unternehmens mit 60 Mitarbeitern, häufig als eine Funktion so nebenbei praktiziert wird, neben strategisch wichtigeren Funktionen. Ferner kommt noch hinzu, dass die einzelnen Führungskräfte noch zu stark mit operativen Aufgaben beschäftigt sind und somit für mitarbeiterorientiertes Führungsverhalten wenig Zeit investiert wird. Ein verhängnisvoller Irrtum, der leicht zu internen Schieflagen wie fehlende Betreuung, wenig Unternehmensidentifikation, hohe Fluktuation herausragender Mitarbeiter (und dem Beginn des War for talents) usw. führt.

In diesem Zusammenhang ist „Führen durch Walking/Wandering around", wie dies Peters und Waterman kennzeichneten, insbesondere auch heute ein zweckentsprechendes und vor allem angemessenes Instrument, das natürlich auch Feedback-Möglichkeiten für die Führungskräfte bietet. Soziale Anerkennung brauchen nicht nur die Mitarbeiter, sondern auch die Führungskräfte. Führungskräfte, unabhängig von der Hierarchieebene, sollten ihr Führungsverhalten viel mehr an dem alt herkömmlichen Sprichwort **„Ein gutes Wort zur rechten Zeit bringt Arbeitslust und Emsigkeit"** orientieren. Oder wie Jack Welch, ein amerikanischer Topmanager, dies formulierte:

„Wer zu oft im Büro sitzt, kann nicht viel lernen."

4.2.6 Selbst kleinste Erfolgserlebnisse sind wichtig

Ein Grundsatz in der Psychologie lautet: **Nichts ist erfolgreicher als der Erfolg.** Erfolg ist ein wichtiger Verstärker. Verhaltensweisen, die zum Erfolg geführt haben, werden wiederholt oder von anderen nachgeahmt, um ebenfalls erfolgreich zu werden. Hierbei spielt die Vorbildfunktion eines Geschäftsführers für seine Führungskräfte eine nicht unerhebliche Rolle (Adaption des Führungsverhaltens). Führungserfolg ist dabei die Umsetzung von Führungszielen durch die direkte oder indirekte Verhaltensbeeinflussung des Vorgesetzten. Dabei ist der Führungserfolg, der aufgrund vieler anderer Einflussfaktoren schwer messbar ist, einerseits vom Einsatz der Führungsinstrumente abhängig, andererseits aber auch von der Persönlichkeit der Führungskraft und seines Mitarbeiters sowie von der jeweiligen Führungssituation.

Erfolg zu haben, ist biologisch und medizinisch gesehen ein wichtiges Grundbedürfnis des Menschen allgemein und damit auch des Mitarbeiters. Ebenso wie Essen und Trinken (Grundbedürfnisse), um sich am Leben zu erhalten, braucht der Mensch Erfolgserlebnisse sowohl privat als auch beruflich, ohne die er auf Dauer nicht existieren kann. Verweigerte Erfolgserlebnisse, so die medizinische Forschung und sind sie noch so klein, können zu seelischen und körperlichen Erkrankungen führen.

Der Führungserfolg wird in der Literatur sehr häufig auf folgende verhaltensbeeinflussende Faktoren zurückgeführt: Konstruktives

Verhalten und positive Grundhaltung (Glaubwürdigkeit, Vertrauen), Persönlichkeit/Respekt/positives Menschenbild, Motivation und Mitarbeiterförderung, Kommunikation und Verhalten (Wertschätzung).

Sich Erfolgserlebnisse am Arbeitsplatz schaffen ist einerseits Angelegenheit des einzelnen Mitarbeiters durch z. B. seine Kenntnisse, Arbeitsfreude, Neugierde, Einsatzbereitschaft, andererseits des Vorgesetzten bzw. Chefs durch z. B. Anerkennung, Wertschätzung, Kommunikation, Förderung. Danach liegen die Ursachen des Mangels an Erfolgserlebnissen nicht immer beim Vorgesetzten. Oft sind es aber die kleinsten Erfolgserlebnisse, die den einzelnen besonders beflügeln.

In einer Zeit des Mitarbeiterwunsches nach z. B. einem Chef „zum Anfassen" ist es bestimmt nicht mit einem großen Erfolgserlebnis verbunden, wenn die Mitarbeiter ihren Geschäftsführer oder Vorstand nur im Internetauftritt erleben oder per Bild im jährlichen Geschäfts-/Unternehmensbericht wahrnehmen.

Als Misserfolg wird heute schon häufig empfunden, wenn der Vorgesetzte seinen Mitarbeiter übersieht, vergisst, zu wenig beachtet oder gar keinen Tagesgruß anbietet. Die kleinsten „Berührungen" sind oft die wichtigsten, wichtiger als manche Marketingstrategie. Das Gefühl, einen Erfolg zu haben, etwas erreicht zu haben, einen guten Job in der Projektgruppe gemacht zu haben, vom Vorgesetzten oder dem Geschäftsführer darauf angesprochen worden zu sein, löst Freude, Stolz und auch jede Menge Motivation aus. Viele Erfolgserlebnisse sind, so medizinische Studien, Voraussetzung für ein gesundes und ausgeglichenes Leben. Dies trifft auch auf das Arbeitsleben zu. Denken Sie immer daran: Die besten acht Stunden täglich verbringt der Mitarbeiter an seinem Arbeitsplatz.

Für den Mitarbeiter, mit dem der Bereichsleiter am Montagmorgen im Aufzug einen Gruß und einen kurzen Plausch, z. B. über das Wochenende, hält, erfüllt dieser Kontakt soziale, emotionale und motivationale Funktionen. Die Mitarbeiter erwarten, so auch unsere kleine empirische Untersuchung in Sachen Kompetenzen ihrer Vorgesetzten Anerkennung, Hilfestellung, Ansprache, Beratung und Coaching sowie Akzeptanz. Dies hat auch erhebliche Auswirkungen auf die Persönlichkeitsentwicklung des einzelnen. Der Wirtschaftsberater Carsten Bach drückt dies so aus:

> „Manche Führungskräfte sind wie Falter: Die einen sind Zusammen-Falter, die guten sind Ent-Falter."

4.2.7 Anregungen zum Nachdenken

Nicht nur die generelle Vereinsamung der Menschen in ihrem Leben, auch die Vereinsamung der Mitarbeiter und Führungskräfte in der Arbeitswelt, u. a. begünstigt durch Technologisierung, Digitalisierung, Druck und Erfolg/Misserfolg am Arbeitsplatz und soziale Medien, das sich Zurückziehen, abkapseln und vereinsamen wird immer größer. Oswalt Neuberger wagte schon vor Jahren die Behauptung, dass es in den Unternehmen genau so viele Alleingelassene gibt, wie draußen im Privatleben. Er meinte damit bestimmt Mitarbeiter, die auffällig wenig Kontakt zu ihren Kollegen haben, sich stets zurücknehmen und sich nie an Teamaktivitäten beteiligen. Sie haben sich „ausgeklingt" und vereinsamen innerlich. Prof. Spitzer hat dies in seinem Buch über die Einsamkeit und deren Folgen/Auswirkungen sehr deutlich beschrieben, wie krankmachende Einsamkeit und soziale Isolation aussieht und deren Folgen. Einsamkeit hält auch Einzug in die Seele des Menschen.

Einsamkeit hat nur wenig mit der An-oder Abwesenheit des Menschen auch am Arbeitsplatz zu tun. Sie beschreibt ein Gefühl der Leere, der Ausgegrenztheit und das Fehlen von Aufmerksamkeit und Anerkennung. Daher ist es durchaus möglich, sich in mitten eines aktiv arbeitenden Teams oder Büros einsam zu fühlen. Gerade in Großunternehmen beklagen die Mitarbeiter immer häufiger die Anonymität und das damit verbundene Einsamkeitsgefühl. Dies betrifft übrigens nicht nur Singles und Alleinstehende, sondern auch Mitarbeiter in einer Partnerschaft.

Dabei sind die Erkenntnisse über die besondere Bedeutung der Möglichkeiten des Miteinander am Arbeitsplatz nicht so neu. So führte schon Friedrich Schiller im Lied von der Glocke an **„wenn gute Reden sie begleiten, dann fließt die Arbeit munter fort"** und Berthold Brecht schreibt in seinen Kalendergeschichten, **„wo das Gespräch verstummt, hört das Menschsein auf"**.

Ein nicht unerheblicher Teil der Erfolgserlebnisse am Arbeitsplatz resultiert aus dem „Herumlaufen und sich persönlich mit Mitarbeitern an deren Arbeitsplatz zu unterhalten". Es leuchtet ein, dass der informelle Austausch zwischen Vorgesetztem und Mitarbeitern viele Vorteile bringt, doch ist das „Management durch Herumlaufen" eine nicht gerade häufig genutzte Führungsmethode. Viele der heutigen Führungskräfte sind daran gewöhnt, mit ihren Mitarbeitern über E-Mail oder andere Online-Tools zu kommunizieren, so dass sich die Zeit für den persönlichen Austausch auf formale Meetings beschränkt. Diese Kontaktbarriere kann einen nicht unerheblichen Einfluss auf die Leistungsbereitschaft der Mitarbeiter haben. Integrieren Sie dieses Managementinstrument in ihren Führungsstil und entwickeln Sie eine Routine für die Ausflüge aus Ihrem Chefbüro in die Abteilungen/Bereiche und auch die Niederlassungen und Geschäftsstellen. Nutzen Sie diese Möglichkeit des Kontaktes mit Ihren Mitarbeitern und vor allem lernen Sie dabei auch das Zuhören können. Zuhören ist dabei eine goldene Regel des Managements, nicht das „Zutexten".

> **„Ein Langweiler ist ein Mensch, der redet,**
> **wenn du wünschst, dass er zuhört."**
> (Ambrose Bierce, amerikanischer
> Schriftsteller des 19. Jh.)

Viele namhafte amerikanische Manager praktizierten das Gespräch beim „Herumlaufen", so ist dies von Sam Walten, dem Walmartgründer bekannt, von Howard Schultz, Starbucks oder dem verstorbenen Steve Jobs von Apple sowie Jack Welch ehemaliger CEO von General Electric, um nur einige zu nennen.

Das Verhalten der Mitarbeiter zu beflügeln, heißt, sie anregen, mit ihnen zu sprechen, sie ernst nehmen, mit ihnen Kontakt aufzunehmen, zuzuhören, sich nicht verstecken, Umwege zu suchen, um gesprächs- und berührungsfrei in und aus dem Büro zu kommen. Abschließend zu diesem Kapitel einige Beispiele aus der betrieblichen Praxis von Führungskräften zur Diskussion, zur Überlegung und zur möglichen Nachahmung.

- Was spricht dagegen, wenn der Vorstand oder die Geschäftsführer ab und an auch mal zum Mittagessen in die Kantine geht, sich an irgendeinen Tisch zu Mitarbeitern setzt und small talk praktiziert und nicht ständig im separaten Unternehmenscasino mit seinesgleichen diniert?

- Der Geschäftsführer eines mittelständischen Unternehmens mit ca. 350 Mitarbeitern geht seit Jahren an Ostern und vor Weihnachten mit einem Korb durch die Produktionshallen und überreicht jedem Mitarbeiter mit ein paar netten Worten und meist durch persönliche Ansprache einen kleinen Osterhasen und an Weihnachten einen kleinen Nikolaus. Dies kommt bei den Mitarbeitern sehr gut an. Dies sei, so der Geschäftsführer, eine der besten Zeitinvestitionen von rd. 6 Stunden je Rundgang.

- Warum fahren viele Manager von Unternehmen morgens über die Tiefgarage kommend mit dem Aufzug direkt in ihre Büroetage und verschwinden dann oftmals ungesehen in ihrem Büro. Wäre es nicht sinnvoll, auch des Öfteren durch den Haupteingang kommend oder in einer Bank durch die Eingangshalle, um sich den dort sitzenden Mitarbeitern zu zeigen, sie zu begrüßen und bereits einige Worte zu wechseln.

- Weihnachtsgratifikationen, Sonderzahlungen, Prämien usw. werden per Überweisung an die Mitarbeiter auf das Konto getätigt. Der Mitarbeiter sieht auf seinem Konto den Zahlungseingang und stellt fest, „es ist angekommen", das wars dann. Motivationaler und nachhaltiger ist es doch, so der Geschäftsführer eines mittelständischen Dienstleistungsunternehmens, den Betrag bar einzutüteln und den Mitarbeitern persönlich oder über deren direkten Vorgesetzten überreichen zu lassen, verbunden mit einigen netten Worten und einem persönlichen Danke. Dabei wird der Mitarbeiter immer an sein Unternehmen denken, wenn er aus seinem Geldumschlag Bargeld entnimmt, um einzukaufen.

- Was spricht dagegen, so die Mitarbeiter einer Bank und eines Handelsunternehmens, mit zahlreichen Geschäftsstellen und Niederlassungen, dass der Geschäftsführer/Vorstand auf der Basis einer Tourenplanung die eine oder andere Niederlassung besucht, insbesondere dann, wenn es dort Vorort keine wesentlichen Probleme zu bewältigen gibt und daraus ein Besuch notwendig würde. Wie oft fahren solche Führungskräfte auch im Rahmen ihrer Kundenbesuche an solchen Niederlassungen vorbei. Ein kurzer Besuch und ein vermittelndes Hallo kann hier sehr erfolgsversprechend sein. Der Geschäftsführer eines Handelsunternehmens mit 18 Filialen berichtet, dass ihm derartige Besuche schon so oft von seinen Mitarbeitern als sehr positiv und motivationsfördernd in Sachen Mitarbeiterführung angezeigt wurden. Dies ist auch ein Punkt, der bei regelmäßig durchgeführten Mitarbeiterumfragen immer wieder als ein positiver Moment genannt wird.

- Der Vorstandsvorsitzende eines mittelständischen Dienstleistungsunternehmens mit rd. 1000 Mitarbeitern ruft seit vielen Jahren jeden seiner Mitarbeiter an seinem Geburtstag an, auch wenn dieser auf einen Samstag oder Sonntag fällt. Gespräche mit Mitarbeitern dieses Unternehmens zeigen, dass dieses Kommunikationsinstrument ausgesprochen positiv bewertet wird und hohe Mitarbeiternähe zeigt, auch wenn die Gratulation gerade am Wochenende schon morgens um 7.00 Uhr erfolgt.

- Der Hauptabteilungsleiter eines Bereiches mit ca. 280 Mitarbeitern lädt einmal im Quartal max. 12 Mitarbeiter mit Anmeldung und ohne Tagesordnung zu einem Mitarbeiterfrühstück ein (Dauer 1 Stunde). Waren die Anmeldungen anfangs zögerlich (6–8 Teilnehmer) hat sich dies heute für ihn als wichtiges Führungsinstrument für mehr Mitarbeiternähe entpuppt und kommt sehr gut an. Durch dieses Instrument habe ich, so die Führungskraft, meine Leute von einer mir bisher unbekannten Seite kennengelernt.

- Ein amerikanisches Unternehmen mit vielen tausend Beschäftigten begrüßt seine Mitarbeiter auch an den deutschen Standorten täglich per mail oder über eine firmeninterne Chatfunktion mit einem Spruch des Tages, einem passenden Aphorismus oder einem persönlichen Gruß vom

Chef. Dies geht schon soweit, dass ihm Mitarbeiter gefundene, interessante Zitate zurückschicken.

- Eine berufstätige Studierende, die nach 5 Jahren Studium in berufsbegleitender Form Ihr Examen mit der Note „sehr gut" absolvierte und in einem Großunternehmen mit über 10.000 Beschäftigten im Frankfurter Raum arbeitet, wurde von ihrem Personalvorstand mit einem Blumenstrauß und einer Flasche Champagner eines morgens an ihrem Arbeitsplatz besucht und beglückwünscht. Sie war so überrascht, dass ihr die Tränen flossen. Mit einigen netten Worten wurde sie persönlich belobigt, anschließend wurde gemeinsam mit ihren Kollegen angestoßen, der Werksphotograph war präsent und Selfies waren erlaubt. Sie können sich vorstellen, wie dies bei den Mitarbeitern und selbst bei ihrem direkten Vorgesetzten dieser Abteilung ankam. Zeitaufwand ca. 45 Minuten.

Plutarch, ein griechischer Schriftsteller meinte hierzu vor schon 2.000 Jahren:

> **„Ein Fürst ist am glücklichsten, wenn er es dahin bringt, dass die Untertanen nicht ihn, sondern um ihn fürchten."**

Verlässt eine Führungskraft nicht sein Büro und sucht nicht ständig den Kontakt zu den Mitarbeitern gehen auch wichtige Informationen verloren und man macht sich auch angreifbar durch eine eigentlich nicht gewollte Distanz. „**Kontakte scha-**

den nur demjenigen, der sie nicht hat." In einem Großunternehmen mit vielen tausend Beschäftigten muss diese Mitarbeiternähe über Führungsgrundsätze geregelt werden, die strikt von oben nach unten vorgelebt und realisiert werden. So beschreibt ein Vorstandsmitglied eines multinationalen deutschen Unternehmens, dass er regelmäßig zu Teamleitern an Auslandsstandorten Kontakt hält auch mit dem Ziel zu evaluieren, ob die vereinbarten Führungsgrundsätze von oben nach umgesetzt und vorgelebt werden.

Es gibt eine Vielzahl von „kleinen und großen Führungsinstrumenten", deren Anwendung und Umsetzung Verhalten positiv beeinflussen kann. Eine Umfrage anlässlich eines Führungskräftesymposiums an der Universität Klagenfurt zeigt sehr deutlich, dass die **Zeit den Engpassfaktor** darstellt. Führungskräfte müssen sich einfach mehr Zeit für Ihre Führungsaufgaben nehmen, so der Konsens. Sie müssen Herr/Frau ihrer Zeit werden. Zyniker behaupten schon sehr lange, dass das Kriterium einer Führungskraft nicht das Führen sei, sondern das Eingeständnis, keine Zeit zu haben.

Halten Sie es mit Artur Schopenhauer, einem deutschen Philosophen des 19. Jh., der hierzu sagte: „**Gewöhnliche Menschen denken nur daran, wie sie ihre Zeit verbringen. Ein intelligenter Mensch versucht sie auszunutzen**" und Seneca, ein römischer Philosoph meinte vor 2.000 Jahren hierzu: **Wir bekommen nicht ein kurzes Leben zugeteilt, sondern wir machen es selbst kurz. Wir haben nicht zu wenig Zeit, sondern wir verschwenden zu viel."**

Walk to talk, Anonymität wirkt sich kontraproduktiv auf die Identifikation, die Leistungsfähigkeit und die Leistungsbereitschaft aus, auch auf die Loyalität dem Unternehmen gegenüber.

> **„Indem sich der Chef für eine Sache interessiert, verleiht er ihr Wichtigkeit."**
> (C. N. Parkinson, britischer
> Historiker des 20. Jh.)

Verwendete und empfehlenswerte Literatur:

Brüggemann, M./Knaus, T./Meister, D. (Hg.): Kommunikationsstrukturen in digitalen Welten, München 2016

Drumm, H. J.: Personalwirtschaft, Berlin/Heidelberg 2008

Häfner, A. u. a.: Gesunde Führung, Wiesbaden 2019

Kastner, L.: Small Talk, Berlin 2018

Koeder, K. W.: Auf Besuchstour durch die Firma, in: Personalmagazin, Heft 12/2005, S. 74–75

Koeder, K. W.: Führen by Walking Around, in: Management & Training, Heft 6/2001, S. 27–31

Lermer, S./Kunow, I.: Small Talk, Freiburg 2017

Neuberger, O.: Führen und führen lassen, Stuttgart 2002

Neuberger, O.: Führungsverhalten und Führungserfolg, Berlin 1976

Oppel, K.: Business-Knigge international, Freiburg 2015

Peters, Th. J./Waterman, Jr.: In Search of Excellence: Lessons form Americas Best Run Companies, New York 1982

Rogelsberg, S. G.: The Surprising Science of Meetings, Oxford University Press 2019

Rosenstiel, von L.: Anerkennung und Kritik als Führungsmittel, in: Rosenstiel, von L. u. a.: Führung von Mitarbeitern, Stuttgart 2014, S. 238–247

Siebenhüner, S.: Berufserfolg und Gesundheit, Wiesbaden 2016

Spitzer, M.: Einsamkeit, München 2018

4.3 Management by Laughing and Fun

4.3.1 Philosophische Wurzeln

Zum Thema „Heranbildung leistungsbereiter und leistungsfähiger Mitarbeiter und Teams", die im Unternehmen Höchstleistungen und Erfolg erbringen sollen, gibt es eine Vielzahl von personalwirtschaftlichen Instrumenten und seitenweise Literatur sowie viele Anregungen im Internet. Am Arbeitsplatz Spaß haben und lachen können, sind in diesem Zusammenhang Instrumente, die von den meisten Unternehmen und Führungskräften vernachlässigt oder gar gänzlich ignoriert bzw. am Arbeitsplatz auch meist negativ mit z. B. „Haben nichts zu tun", assoziiert werden. Auch die Literaturausbeute zu dieser Thematik ist sehr dürftig. Wie meinte schon Immanuel Kant, ein deutscher Philosoph des 18. Jh. hierzu:

> **„Der Himmel hat den Menschen als Gegengewicht gegen die vielen Mühseligkeiten drei Dinge gegeben: die Hoffnung, den Schlaf und das Lachen."**

Gerade in unserer heutigen Zeit, in einer Zeit von Schrumpfungsprozessen, Digitalisierung und den damit verbundenen Veränderungen von Arbeitsplätzen und -aufgaben, Unternehmenszusammenschlüssen, internationaler Aufstellung auch von mittelständischen Unternehmen und steigenden sowie veränderten Arbeitsanforderungen u. v. m., stellen wir fest, dass schlechte Arbeitsmoral und fehlende Unternehmensidentifikation ernstzunehmende Probleme darstellen, vor allem dort, wo tiefgreifende Veränderungen auch bei den Arbeitnehmern erfolgen. Dies wird noch geschürt durch zunehmende Mehrleistung sowie individuellem Druck. Ergebnis: Abnehmende Arbeitsmoral und fehlende Identifikation mit dem Unternehmen, Demotivation und Stress bedeuten häufig höhere Fehlzeiten und mehr Krankheiten (Burnout), Unzuverlässigkeit in Sachen Service und Kundenorientierung. Gerade in solchen Zeiten ist der Vorgesetzte gefordert, er muss Kümmerer und Mentor sein, sowie auch Spaß und Freude am Arbeitsplatz ausstrahlen und vorleben.

Humor macht den Menschen im Alltag belastungsfähiger, Lachen schafft eine meditative Pause fürs Gehirn. Die Überlegung, dass Lachen und Spaß haben wichtige Bestandteile des Lebens sind, ist nicht neu. Durch viele Geschichtsbücher hindurch finden sich große philosophische Traditionen, die erkennen lassen, welchen Stellenwert Lachen, Spaß und Humor für einen ausgewogenen Lebens- und Arbeitsstil einnehmen. Hierzu ein ganz kleiner Ausschnitt:

Schon in der Bibel finden wir einen Spruch Salomons mit den Worten, dass ein **„fröhliches Herz das Gesicht heiter macht, Kummer im Herzen jedoch das Gemüt bedrückt"**. Darüber hinaus wird dort an vielen weiteren Stellen das Lachen Gottes und des Menschen beschrieben und als Zeichen des Ausdrucks eines bestimmten Verhaltens mehrfach betont.

Auch der griechische Philosoph Platon beschäftigte sich im 5. Jh. v. Chr. mit der Frage, was ist die richte Art, um zu leben?

Seine Antwort lautet: „**Das Leben sollte als Spiel gelebt werden.**" Etwas kritischer sah dies Machiavelli, der sich hierzu wie folgt äußerte: „**Die Worte, welche lachen machen, sind entweder einfältig oder beleidigend oder verliebt.**"

Nietzsche führt zum Thema „Lachen" an: „**Nur der Mensch leidet so qualvoll in dieser Welt, dass er gezwungen war, das Lachen zu erfinden.**" Und Immanuel Kant differenziert noch: „**Lachen ist männlich, weinen dagegen weiblich.**" Lucius Annaeus Seneca vertritt die Meinung „**Niemand gibt zu Gelächter Anlass, der über sich selber lacht.**"

Charles Darwin, der Begründer der Evolutionstheorie, sprach schon über den Sprachcharakter des Lachens und Lächelns.

Der buddistische Kanon beinhaltet einen Gesang mit dem Titel „Anrufung der Namen der Bodhisattvas". Ausschnittweise heißt es hier: „Wir geloben, jemanden am Morgen eine Freude zu bereiten und am Nachmittag jemandes Leid zu lindern. Wir wissen, dass uns das Glück anderer selbst zum Glück verhilft, und wir geloben, auf dem irdischen Pfad Freude zu verbreiten."

Hermann Hesse, deutsch-schweizerischer Schriftsteller und Literaturnobelpreisträger formuliert dies wie folgt: „Heiterkeit ist weder Tändelei, noch Selbstgefälligkeit, sie ist höchste Erkenntnis und Liebe, ist bejahen aller Wirklichkeit, Wachsein am Rand aller Tiefen und Abgründe."

Und ein altes japanisches Sprichwort schafft bereits die Verbindung des Lachens mit der Wirtschaft: **„Wer nicht lacht, soll keine Geschäfte machen."**

4.3.2 Generelles zum Thema „Lachen und Spaß"

Forschungen belegen: Humor macht den Menschen im Alltag belastungsfähiger, Lachen schafft eine Pause für das Gehirn, Lachen ist Bewusstseinserweiterung. Lachen ist wie Niesen, mit einem wichtigen Unterschied, es lässt sich verlernen. Die Sorge, dass uns das Lachen vergeht, insbesondere in der heutigen Zeit, bewegt sehr viele Menschen.

Und Lachen ist doch kinderleicht. Bereits im Alter von wenigen Monaten lacht ein Baby, wenn ihm der Bauch gekitzelt wird. Babys und Kleinkinder lachen täglich etwa 400mal. Mit circa einem Jahr bildet sich beim Menschen das Witzeverständnis aus. Das Kind lacht, wenn Vater oder Mutter Grimassen machen. An diesem „Wiegenhumor" ändert sich bis ins hohe Alter nicht viel. Eine Pappnase im Gesicht oder ein schräger Hut auf dem Kopf ist selbst im Seniorenclub oder im Seniorenheim noch zum Lachen.

> **„Die kürzeste Verbindung zwischen
> zwei Menschen ist ein Lächeln."**
> (unbekannt)

Schon 1900 wies der französische Philosoph Henri Bergson auf die soziale Funktion des Lachens hin mit den Worten: **Unser La-**

chen ist stets Lachen einer Gruppe. Das freieste Lachen setzt immer ein Gefühl der Gemeinschaft, fast möchte ich sagen, die Hehlerschaft mit anderen Lachern voraus."

Die amerikanische Professorin und Neurobiologin Lise Eliot hält sogar das soziale Lächeln für einen der wichtigsten Meilensteine in der Entwicklung. Positive Psychologie heißt ein Trend, der aus den USA kommt und sich mit Witz, Lachen und Humor und deren Auswirkungen beschäftigt. Der Begriff wurde 1954 von dem amerikanischen Psychologen Maslow eingeführt und in den 90er Jahren von Martin Seligman wieder aufgegriffen. Im Gegensatz zur „defizitorientierten Psychologie" beschäftigt sich die „positive Psychologie" mit den positiven Aspekten des Menschseins, wie z. B. Glück, Vertrauen, Optimismus und auch Lachen sowie Humor als Charakterstärken. In der Literatur gibt es z. B. zum Thema „Depression" als Gebiet der defizitorientierten Psychologie mehrere Meter Buch, zu den Themen Humor, Spaß und Lachen sehr wenig. Positives Denken verspricht im Menschen solche Kräfte zu verstärken, die es verhindern, dass er Patient wird. Bereits in der Antike war Humor, abgeleitet vom lateinischen Wort für „Flüssigkeit", das Mittel der Heiler, die Körpersäfte in die Balance bringen. Begründer der Lachforschung, der Gelotologie ist William F. Fry, der sich auch mit den körperlichen und psychischen Aspekten des Lachens beschäftigt. Inzwischen ist die „Science of Pleasure" eine weltweit anerkannte Disziplin. Untersuchungen der Gelotologie zeigen, dass der Sinn für Humor besondere geistige Fähigkeiten erfordert und im sozialen Zusammenleben eine entscheidende Rolle spielt. Dabei halten sogar einige Wissenschaftlicher das Lachen für die älteste Form der Kommunikation, eine Art nonverbales Esperanto, eine für alle verständliche Sprache, die Menschen verbindet.

Humor als Heilmittel lässt sich heute vermarkten bis hin zu Lach- und Happyseminaren sowie Lachyoga. Zwischenzeitlich gibt es sogar einen Weltlachtag, der jährlich am ersten Sonntag im Mai begangen wird.

So setzen immer mehr Unternehmen in den USA auf Humortraining, z. B. die Bank of America, die jährlich die Aktion „Kein Tag ohne Lachen" veranstaltet, ebenso die South-West-Airlines, mit der Aussage, ein einfacher Scherz kann viele Situationen auch im Unternehmen entschärfen und die Dramatik herausnehmen. So lassen sich mit etwas Humor und Lachen gewisse Spannungen aufheben, unangenehme Gespräche überbrücken und ein besseres Betriebsklima schaffen. Allerdings: Auf Kommando kann man nicht wirklich lachen und ein echter Heiterkeitsausbruch lässt sich kaum unterdrücken. Wie sagt schon ein altes japanisches Sprichwort: **„Wer lächelt, statt zu toben, ist immer der Stärkere."**

Lachen lässt sich lernen, so die Meinung einer Vielzahl von Therapeuten, die auch Hinweise dazu geben, wie man sein Leben lustiger gestalten kann. Erster schlichter Ratschlag: **„Alles nicht so ernst nehmen."**

Hintergrund dieses Interesses am Humor ist eine noch junge Wissenschaft, die sich mit dem Lachen beschäftigt, die Gelotologie, aus dem griechischen Gelos = Lachen. Und die Deutschen lachen sehr wenig, so Martin Seligman, Psychologe an der Universität von Pennsylvania.

Was der Philosoph Platon lediglich als demonstratives Zeichen der Überlegenheit wertete, ist also zwischenzeitlich Gegenstand ernsthafter Forschungsbemühungen geworden: **Das Lachen.**

4.3.3 Lachen entspannt und schafft eine meditative Pause

Lachen ist, so im Brockhaus aufgeführt, eine menschliche Ausdrucksweise, die mimisch durch Bewegung bestimmter Gesichtsmuskeln sowie lautlich durch eine besondere Rhythmik des Stimmapparates charakterisiert ist. Lachen ist die Reaktion auf heitere bzw. komische Erlebnisse. Lachen wird als Ausdruck bestimmter Stimmungslagen bezeichnet, z. B. freudig, albern, ironisch, zynisch aber auch verzweifelt und als soziale Reaktion, z. B. ein freundliches Grußlächeln, ein ansteckendes Lachen.

Unsere seelische Verfassung steht uns ins Gesicht geschrieben, so die Aussage des Mimikforschers Terrence Sejnowski vom kalifornischen Salk-Institute. So sorgen insgesamt 46 Gesichtsmuskeln für ein ausdrucksvolles Mienenspiel. Da sich beim Lachen der Augenringmuskel einer willkürlichen Beeinflussung weitestgehend entzieht, eignet sich die Mimik besonders gut, um Emotionen objektiv zu erkennen. Dies bestätigt auch Samy Molcho, wohl einer der bekanntesten Vertreter der Körpersprache, der nonverbalen Kommunikation.

80 % der Kommunikation vermittelt der Mensch unbewusst mit seinem Körper.

> **„Humor ist keine Gabe des Geistes,
> es ist eine Gabe des Herzens."**
> (L. Börne, deutscher Literatur- und
> Theaterkritiker des 18. Jh.)

Wer die Sonne im Herzen hat, lässt sich weniger von äußeren Stimmungen steuern. Der österreichische Lachforscher Prof. Willibald Ruch von der Universität Zürich ist der Meinung, dass Menschen mit Sinn für Humor belastungsfähiger sind und stressfreier leben. Wer allerdings über Heiterkeit forscht, so Ruch, muss sich auch heute ständig rechtfertigen und wird oftmals „belächelt".

Lachen ist gesund heißt ein altes Sprichwort. Lachen ist körperinternes Jogging, denn es ergreift den gesamten Körper. Übrigens: Wir brauchen ca. 54 Muskeln, um ein böses Gesicht zu machen und ca. 43 Muskeln, um zu lächeln, so die Medizin. Lächeln ist also weniger anstrengend. Bis zu 300 Muskeln bewegen sich, wenn wir herzlich lachen.

Betrachten wir uns nach dem Lachen und Spaß haben im Spiegel, so erkennen wir, dass die Arme kraftlos herunterhängen, unsere Augen glänzen und ein zufriedenes Lächeln liegt auf dem Gesicht. Dies sind typische Anzeichen für einen Zustand, den wir Entspannung nennen. In diesem Zustand kennen wir auch den Ausspruch **„Ich bin fast umgefallen vor Lachen"**. In Wirklichkeit können sich die Muskeln dermaßen entspannen, dass wir nur mit viel Mühe die Kraft aufbringen, den Körper aufrecht zu halten.

Nach Konrad Lorenz, einem österreichischen Medizin-Nobelpreisträger und Verhaltensforscher (Ethologie) gehörte Lachen ursprünglich zu den Instrumenten des Drohverhaltens, dabei stand das Zähne zeigen im Vordergrund. Lächeln hingegen wird als beschwichtigende Kontaktgebärde gesehen, da es spannungslösend, angriffshemmend, entwaffnend bzw. entschuldigend wirkt.

Lachen wirkt also entspannend auf den Körper und die Seele. Wissenschaftlich ist zwischenzeitlich nachgewiesen, dass sich Lachen positiv auf unsere Gesundheit auswirkt. So hängen Lachen und Gefühle sehr eng miteinander zusammen.

Und jetzt kommt noch der Humor dazu. Die einfachste und damit möglicherweise älteste Art, einen Menschen zum Lachen zu bringen ist ein Scherz. Humor ist somit die Fähigkeit, andere zum Lachen zu bringen und die Fähigkeit, selbst heiter und gelassen zu bleiben trotz verschiedener Widrigkeiten. Humor führt zum Lachen und Lachen führt zu einem glücklicheren und gesünderen Leben. Auch der indische Philosoph Osho hat in seinem Buch „Leben, lieben, lachen" sehr viel über die positiven Eigenschaften des Lachens geschrieben, auch darüber, dass uns der Humor hilft, bestimmte Situationen wie z. B. Krankheiten, Unglücksfälle, erträglicher zu machen. So kennen wir alle den Spruch **„Da vergeht einem das Lachen"**.

> „Verstand und Genie rufen Achtung und Hochschätzung hervor, Witz und Humor erwecken Liebe und Zuneigung."
> (David Hume, schottischer Philosoph des 18. Jh.)

4.3.4 Spaß und Humor am Arbeitsplatz – Grundsätze einer Lachkultur

Natürlich sind Produktivität, Wirtschaftlichkeit und Rentabilität Kernthemen, die den betrieblichen Alltag bestimmen und auch den Unternehmensfortbestand und somit Arbeitsplätze gewährleisten. Aber wäre es nicht auch schön, wenn eine Frage lauten könnte: „Macht Ihnen Ihre Arbeit Spaß", denn Spaß und Lachen am Arbeitsplatz tragen mitunter dazu bei, eine Kultur der Fürsorge, Verbundenheit und Identifikation zu schaffen, die oben genannte betriebswirtschaftliche Ziele maßgeblich beeinflussen können. „Haben Sie Spaß" ist eine bedeutungsvolle Frage, die innerhalb einer Organisation dem Menschen den höchsten Stellenwert beimisst. Wenn wir im Unternehmensleben darangehen, uns selbst und untereinander diese Frage zu stellen, haben wir die Möglichkeit, unser Arbeitsleben dementsprechend zu gestalten.

Arbeiten hat üblicherweise nichts mit Spaß und Humor zu tun, daher wird ja auch der Begriff „Arbeit" verwendet. Arbeit und Spaß werden sogar als Gegensätze aufgefasst. Ferner besagt ein altes Sprichwort, dass jemand, der bei der Arbeit lacht bzw. Spaß hat, wahrscheinlich ein Müßiggänger ist. Aber kann es nicht auch so sein, dass ein Mitarbeiter, der am Arbeitsplatz humorvolles Verhalten zeigt, vielleicht Freude darüber zum Ausdruck bringt, dass er einerseits Arbeit hat, andererseits Arbeit, die ihm Freude bereitet. Lachen löst ferner Anspannungen, befreit von Stress und fördert die Kreativität. Humor am Arbeitsplatz bedeutet allerdings nicht, seinen Job auf die leichte Schulter zu nehmen. Wer in schwierigen beruflichen Situationen seinen Humor behält, macht es sich und auch Kollegen leichter, mit Stress- und Konfliktsituationen umzugehen. Lachen ist, wie bereits genannt, etwas ganz Natürliches, eine oftmals spontane Reaktion. Eine Arbeit, bei der einem **"das Lachen vergeht"**, könnte ein falscher Job sein.

So heißt es sehr häufig, in kreativen Berufen resultieren aus gemeinsamem Lachen und Scherzen oftmals neue innovative Ideen. Auch bei Projektarbeiten in Teams zeigt die Art, wie miteinander gescherzt und gelacht wird, inwieweit die Beziehungen untereinander auch funktionieren. Humor als Instrument der Vernetzung erleichtert die Kommunikation am Arbeitsplatz, wenn man miteinander lacht, aber über keine einzelnen Personen lacht. Mitarbeiter, die einen ähnlichen Humor haben, arbeiten meist besser miteinander und empfinden die anderen Kollegen als angenehm oder gar inspirierend.

Erkennen und sehen Sie als Führungskraft, dass Ihre Mitarbeiter Spaß haben, fördern Sie eine anregende Atmosphäre mit gegenseitiger Unterstützung am Arbeitsplatz und nutzen Sie dies für die Bewältigung der Arbeitsaufgaben. **"Wer lacht, hat die Macht"**, sagt ein altes Sprichwort. Kaum einer hat die Entwicklung der Literatur in Deutschland im 18. Jh. so nachhaltig beeinflusst wie Gotthold Ephraim Lessing und der meinte zu dieser Thematik: „**Kann man denn nicht auch lachend sehr ernsthaftig sein.**"

Wie schaffen wir eine Unternehmenskultur, in der Spaß, Humor und auch Lachen und Wertschätzung im Arbeitsleben hochgehalten werden? Bedingt durch die Individualität jedes einzelnen Menschen sowie auch des Unternehmens lassen sich viele Möglichkeiten beschreiben. Matt Weinstein, ein amerikanischer Managementtrainer und Unternehmer, nennt vier Grundsätze, die als Einstiegshilfe gedacht sind, um Lachen und Spaß zu einem Bestandteil des Berufslebens einer Führungskraft zu machen oder auch nicht, denn dies ist größtenteils mit einer Veränderung des eigenen Führungsverhaltens verbunden:

- *Mitarbeiterkreis*

Lachen, Spaß und Humor am Arbeitsplatz verfolgen keinen Selbstzweck, sie stoßen die Tür zu einem menschlicheren Umgang mit den Kolleginnen und Kollegen sowie für Führungskräfte mit ihren Mitarbeitern auf. Lachen zwei Mitarbeiter über den gleichen Tatbestand, so kommunizieren sie wortlos miteinander und signalisieren nach außen, dass sie dieselben Werte hochhalten und durch die gleichen auch beruflichen Dinge bewegt werden. Dies bezweckt Lachen und Spaß am Arbeitsplatz mit dem Ziel, eine Brücke zu schlagen zwischen der isolierten Arbeitswelt und sonstigen Alltagswelten.

Lachen und Spaß bieten die Möglichkeit, auf wirkungsvolle Art und Weise aufeinander zuzugehen, denn diese Verständigungsform ist uns allen auch gemeinsam schon aus der Kindheit. Mit dieser Verhaltensweise lassen sich aus dem Arbeitsleben gebildete Hierarchien durchbrechen, da sie die Gleichheit zweier oder mehrerer Personen betont, ohne auf die hierarchische Positionierung Rücksicht zu nehmen. Bringen wir also am Arbeitsplatz keine lebendige, menschliche Beziehung zueinander zustande, verschwenden wir einen erheblichen Teil unseres Lebens im Wachzustand. Soll Lachen und Spaß am Arbeitsplatz auch Teil Ihrer Unternehmens-, Abteilungs- oder Teamphilosophie werden, denken Sie an die betroffenen Adressaten. Als Führungskraft reicht es nicht, jeweils morgens mit einer neuen Trick- und Motivationskiste am Arbeitsplatz zu erscheinen und deren Inhalt über den Mitarbeitern auszuschütten. Lachen und Fun am Arbeitsplatz heißt, die Grenzen für angemessene Verhaltensweisen zu verstehen und diese sind sehr individuell, je nach Mitarbeiter verschieden. Stellen Sie sich auf die konkret betroffenen Mitarbeiter ein, indem Sie z. B. auch im Rahmen eines jährlichen Mitarbeitergespräches in Erfahrung bringen können, was Ihren Leuten Freude bereiten könnte und was Sie am Arbeitsplatz glücklich macht und motiviert. Je besser Sie ihre Mitarbeiter kennenlernen, umso besser können Sie Spaß und Humor als Mittel zur Anerkennung sowie als Ansporn einsetzen. Wie formulierte dies im 19. Jh. der deutsche Schriftsteller Theodor Fontane: **„Wer schaffen will, muss fröhlich sein."**

- *Gehen Sie mit gutem Beispiel voran*

Denken Sie daran, die Mitarbeiter orientieren sich in ihrem Verhalten, so empirische Studien, meist am Verhalten ihrer Führungskraft, am Management. Ist der direkte Vorgesetzte etwas lockerer, werden dies auch viele Mitarbeiter adaptieren. Daher gilt ein bekannter Grundsatz im Wirtschafts- und Führungsleben: **Gehen Sie mit gutem Beispiel voran.** Spaß und Freude wird es in Ihrer Abteilung nur geben, wenn die Führungskraft durch ihr eigenes Verhalten beispielgebend wirkt. Jeder hat seinen ganz persönlichen Führungsstil. Finden Sie also heraus, wie Sie zu der Idee von Spaß und Lachen am Arbeitsplatz stehen. Denken Sie aber daran, dass eine jähe Änderung Ihres Führungsverhaltens in Richtung „spielerischer" Umgang mit Mitarbeitern nicht akzeptiert wird. Adalbert Stifter, ein österreichischer Schriftsteller des 19. Jh. sagte: **„Ich brauche Ruhe und Heiterkeit der Umgebung und vor allem Liebe, wenn ich arbeite."**

- *Möchten Sie diese Führungsveränderung nicht vornehmen, lassen Sie es bleiben*

Derartige kleine Veränderungen im Verhalten finden nicht nur zum Wohl der Mitarbeiter statt oder um den Teamgeist und das Wir-Gefühl aufzubauen und zu stärken, sondern sind auch für die Führungskraft selbst von Vorteil. „Verbiegen" Sie sich aber nicht, wenn dies nicht zu Ihrem Naturell passt, denn dann wirkt es nicht authentisch. Geben Sie auch der sachlichen Ebene etwas nach, gewinnen Sie auf der emotionalen. Feiern Sie die Erfolge Ihrer Mitarbeiter auch durch Lob und Wertschätzung, wie bereits gehört, dann werden Sie als Vorgesetzter durch ein Gefühl der Zusammengehörigkeit mit den Teammitgliedern belohnt. Lassen Sie es nicht soweit kommen, dass Sie morgens mit einem Gefühl der Isolation, mit dem Gefühl, dass es an der Führungsspitze einsam ist, aufwachen. Humor und Lachen in die Arbeit einfließen zu lassen, ist keine Einbahnstraße, auch Führungskräfte profitieren davon, denn das entstehende Gefühl der Verbundenheit mit seinen Mitarbeitern ist für das emotionale Wohlbefinden der Führungskraft insbesondere auf lange Sicht wichtig (Emotionsmanagement). Viktor Hugo, ein französischer Schriftsteller des 19. Jh. war der Meinung: **„Das Lachen ist die Sonne, die aus dem menschlichen Antlitz den Winter vertreibt."**

- *Veränderungen brauchen Zeit*

Damit Veränderungen auch greifen, bedarf es der Planung und guten Vorbereitung. Eine auf Seriosität und Professionalität ausgerichtete Unternehmenskultur, in der Spaß und Lachen gefördert werden, ändert sich nicht kurzfristig. Legen Sie nach einem mehrtägigen Führungstraining kurzfristig eine Veränderung Ihres Verhaltens an den Tag, werden Sie nicht gerade in der Achtung Ihrer Mitarbeiter steigen, diese werden verunsichert, insbesondere wenn auch die Nachhaltigkeit nach kurzer Zeit schwindet.

Gehen Sie in kleinen Schritten vor. Damit Verhaltensveränderung greift, muss dies über einen längeren Zeitraum hinweg bekräftigt und verstärkt werden und sie muss authentisch sein.

Manchmal ist es für die Führungskraft leichter, ihr eigenes Verhalten in diesem Punkt zu verändern, als diese Veränderung den Mitarbeitern begreiflich zu machen, mit denen Sie schon seit Jahren zusammenarbeiten. In der betrieblichen Praxis bedarf es wiederholter Handlungen über einen längeren Zeitraum hinweg, bevor eine geringfügige Änderung im Unternehmen Wirkung zeigt. Jede abrupte Veränderung des Führungsverhaltens würde Argwohn und Misstrauen bei den Mitarbeitern schüren. Beginnen Sie mit kleinen Schritten und kleinen Ergebnissen. Max Pallenberg, einer der bekanntesten österreichischen Charakterdarsteller, sagte sehr treffend: **„Das Weinen ist dem Menschen angeboren, aber das Lachen will gelernt sein."**

4.3.5 Der kürzeste Weg zwischen Menschen ist ein Lächeln

Unter den „Ländern des Lächelns" nimmt Deutschland einen Mittelplatz ein, so eine empirische Untersuchung, führend sind dabei meist die Schweiz, die Niederlande und die USA. Dort verrät der amerikanische Psychologe Martin Seligman, der sich insbesondere mit Fragen der positiven Psychologie beschäftigt, dass die Deutschen sehr wenig lachen. Das Lebenskonzept der Deutschen, so Seligman, basiert mehr auf den Glückskomponenten „gutes Leben" und ein „sinnvolles Leben".

Würde sich jeder im Unternehmen zur täglichen Aufgabe machen, einen seiner Kollegen morgens zum Lachen zu bringen und sich nachmittags offenen Herzens die Sorgen der Kunden und Lieferanten anzuhören, hätten wir durch diese einfachen

Anregungen einen wichtigen Grundstein für einen Teambildungsprozess gelegt.

Sie schaffen eine Atmosphäre des Vertrauens, von der man behaupten kann, dass einem das Glück anderer selbst zum Glück verhilft, ist es Ihnen gelungen, einen Teamgeist und Wir-Gefühl aufzubauen, in dem persönliche Eifersüchteleien, Intrigen und vor allem auch der Gerüchteküche/dem Flurfunk weitaus geringere Bedeutung beigemessen wird.

Gehören Lachen und Spaß zum Bestandteil Ihrer Arbeit und Ihrer Führungsphilosophie, wird nicht nur Ihre eigene Arbeitszufriedenheit zunehmen, sondern auch die um Sie herum. Zufriedenheit am Arbeitsplatz setzt allerdings voraus, dass man weiß, welchen Stellenwert die Arbeit im Leben anderer einnimmt und was sie bewirkt, z. B. **Leben wir, um zu arbeiten, oder arbeiten wir, um zu leben.** Lachen und Spaß am Arbeitsplatz verhelfen vielleicht dazu, eine tiefere Sinngebung im eigenen Arbeitsalltag zu finden.

In einem Unternehmen, dem es wirtschaftlich gut geht, ist es leichter, eine Portion Lachen und Spaß beim Arbeiten zu begreifen. In schwierigen wirtschaftlichen Zeiten ist dies weniger leicht zu verstehen. Aber gerade auch in diesen Situationen erfüllen Lachen und Spaß einen besonderen Zweck. In diesen Zeiten ist gemeinsames Lachen und Freude bei der Arbeit nicht ein Zeichen mangelnden Respekts vor der Schwierigkeit der Situation, sondern ein Ansatz in Richtung „Ruck nach vorne", „das packen wir". Freude am Arbeitsplatz und an seiner Arbeit kann den Wunsch nach Wieder- und Neuaufbau auch eines durch Freisetzung oder Kündigung von Mitarbeitern auseinandergesprengten Teams verstärken.

Ernste Zeiten, wie derzeit die Ungewissheit durch die Digitalisierung, erfordern nicht unbedingt todernstes Verhalten am Arbeitsplatz. Ernsthaftigkeit wird in unseren Unternehmenskulturen oftmals überbewertet. Das Leben verliert nicht an Ernst, wenn es mit Spaß und Lachen verbunden wird. Im Gegenteil, es kann sich bereichernd auswirken. Vielleicht wird auch gerade dadurch der Mensch aufgeschlossener gegenüber Veränderungen (Change).

Beim Einsatz des Motivationsinstrumentes Spaß und Lachen am Arbeitsplatz ist es wie beim Einsatz des Führungsinstrumentes „Lob", d. h. dosiert einsetzen, nur dann, wenn es der Situation angemessen ist und durch eine gute Aufgabenerledigung bzw. ein abgeschlossenes Projekt gerechtfertigt ist.

> **„Ein Unternehmen, in dem man zusammen lacht und Spaß hat, bleibt auch zusammen."**

Aber Vorsicht: Das Überdecken von Konflikten durch unangebrachtes Lachen bzw. Scherze kann sich schnell als Bumerang erweisen. **„Der richtige Lacher aber"**, und dies meint Carl Zuckmayer, **„ist der Beginn des richtigen Denkens und Empfindens"**.

Und noch ein wichtiger Punkt zum Ende dieses Kapitels: An vielen deutschen Arbeitsplätzen, sei es im Büro auf Schreibtischen und am Pinnboard oder auch in Spinten von Produktionsmitarbeitern gehören Humorpostkarten oder kopierte Witze sowie E-Mail- und App-Scherze, auch über die sozialen Netze, schon seit vielen Jahren zum Alltag. Für den Psychologen Professor Oswald Neuberger von der Uni Augsburg ist der Witz in der Firma eine Sache, die schon 1000 Jahre alt ist. International gesehen ähneln sich Witze und die Funktionen des Bürowitzes sind sehr vielfältiger Natur. Man reagiert sich ab, verbündet sich, lacht gemeinsam (auch mal über den Chef), der „Bürowitz" hat eine solidarische Wirkung.

Aber bitte nicht übertreiben, die Dosierung und der passende Moment für die Preisgabe eines Witzes sind wichtig. Notorische Witzeerzähler und Ewiglacher gelten meist als Nervensägen, die damit auch ihre Unsicherheit überspielen wollen. **Wer als Witzbold auftritt, der tritt auch schnell wieder ab.** Der beruflichen Anerkennung und auch der Karriere dient ein Image als Scherzkeks ebenso wenig wie die als Spaßbremse im Unternehmen verschrien zu sein. So gibt es auch Humorgrenzen. Bei einem Bewerbungsgespräch, einem wichtigen Meeting, einer Präsentation im Führungskreis oder vor der Geschäftsführung geht es meist um Fakten. Wer zu lustig und überschwänglich frohgestimmt auftritt, wird meist nicht ernst genommen.

> **„Sicherlich ist kein Tag mehr vergeudet als ein Tag,
> an dem man überhaupt nicht gelacht hat."**
> (Nicolas Chamfort, französischer Dramatiker
> des 18. Jh.)

Abschließend ist an dieser Stelle auch unmissverständlich klarzustellen, dass eine Arbeit nicht immer nur Freude und Spaß machen kann, denn jede Tätigkeit kann Dinge mit sich bringen, die niemanden freudig stimmen oder zum Lachen beflügeln. Jede Arbeit, auch die eines Arztes, eines Piloten oder eines Professors, hat seine langweiligen Seiten. Oftmals sind es eine Vielzahl von sich ständig wiederholenden, langweiligen, eintönigen oder gefährlichen Tätigkeiten, die keine oder wenig Freude und Spaß aufkommen lassen. Ferner gibt es Arbeitsplätze, die beschwerlich sind (z. B. auf dem Bau, bei der Müllabfuhr), die auch mit Lärm, Hitze, Kälte oder Schmutz verbunden sind und eigentlich keine Freude machen so wie Berufe, die täglich mit dem Elend der Welt konfrontiert werden wie Sozialarbeiter, Psychologen, Flüchtlingshelfer usw.

Dass gerade deren Arbeit nicht unbedingt Freude und Spaß macht, ist einsichtig, aber jede Arbeit ist auch mit Ergebnissen, mit Erfolgen, mit Resultaten verbunden und wenn es nur kleine sind. Die Ergebnisse, die Arbeitskollegen und die „Kunden", für die die Arbeit erbracht wurde, sind es dann, durch ihre Anerkennung, Befriedigung, Freude, Spaß selbst durch ein Lächeln, ein Zuwinken oder ein Gruß und eine kleine Erinnerung an Weihnachten hervorrufen, so der Geschäftsführer einer großen Müllentsorgungsfirma.

Wenigstens ein Lächeln, eine Gestik (Arm heben) oder ein bestimmte Mimik (z. B. Augenzwinkern) sollte im Berufsleben zu den selbstverständlichen Umgangsformen gehören. Wie meinte schon Dalai Lama, ein tibetischer Mönch: **„Mein liebstes Hobby? Lachen."** Die eigentliche Funktion des Humors und des Lachens am Arbeitsplatz liegt auch in der Relativierung Probleme und Krisen gelassener zu sehen und den kollektiven Muntermacher **„Die Situation ist miserabel, aber nicht ernst"** zu stärken. Lächeln in einer globalen Welt mit ihren vielfältigen Herausforderungen ermöglicht rasches Herstellen einer Vertrauensbasis. **Die Arbeitswelt wird rauer, werden Sie doch einfach netter und humorvoller.**

Halten wir es abschließend hierzu mit einer passenden Anmerkung des deutsch-schweizerischen Schriftstellers Hermann Hesse, der die Magie des Lachens und der Heiterkeit wie folgt einordnet:

> **„Heiterkeit ist weder Tändelei, noch Selbstgefälligkeit,**
> **sie ist höchste Erkenntnis und Liebe,**
> **ist bejahen aller Wirklichkeit,**
> **Wachsein am Rande aller tiefen und Abgründe.**
> **Sie ist das Geheimnis des Schönen**
> **und die eigentliche Substanz jeder Kunst."**

Lachen ist für uns Menschen eine besondere Lebensfreude. Humor gilt dabei als liebenswerte Eigenschaft. Eine Portion Witz zu haben, ist etwa identisch mit geistvoll zu sein.

Auch heitere Momente am Arbeitsplatz zu schaffen, ist die Kunst realer und mitarbeiterorientierter Führung im Unternehmen. **Das Lachen hat nur einen Nachteil, es kann einem die ganze schlechte Laune verderben.**

Verwendete und empfehlenswerte Literatur:

Birkenbihl, V. F.: Humor – An ihrem Lachen soll man sie erkennen, München 2018

Brockhaus, Band 8, Mannheim 1998, S. 173

Fietz, L. u. a. (Hg.): Semiotik, Rhetorik und Soziologie des Lachens, Tübingen 1996

Foerst, R.: Die Zündung des Witzes, Berlin 2001

Koeder, K. W.: Lachen für den Aufschwung, in: Personalwirtschaft, 08/2003, S. 54–57

Lorenz, K.: Die Rückseite des Spiegels, München 1988

Malik, F.: Gefährliche Managementwörter, Frankfurt 2004

Molcho, S.: Körpersprache, München 2013

Molcho, S.: Alles über Körpersprache, Berlin 2002

Osho: Leben, lieben, lachen, Köln 2003

Ruch, W.: The sense of humor, Berlin 2007

Schönhusen, H.: Die Kunst des Humors, Berlin 2015

Seidel, D.: Führen und Präsentieren mit Humor, in: Management & Training 12/2002, S. 36–37

Seligman, M.: Der Glücksfaktor, Stuttgart 2005

Seligman, M.: Wie wir aufblühen, München 2015

Weinstein, M.: Lachen ist gesund – auch für ein Unternehmen, Wien 1996

Weinstein, M.: Management by Fun, München 2002

4.4 Mitarbeiterumfrage – Führungsinstrument für mehr Mitarbeiterinteressen

4.4.1 Wissenswertes zur Mitarbeiterbefragung

Das Personal, die Mitarbeiter, sind die wertvollste Ressource eines Unternehmens – aus ihr wird die Dynamik erzeugt, die ein positives Hervorheben und Anerkennung bei den anderen Marktteilnehmern wie Kunden, Lieferanten aber auch Mitbewerbern ermöglicht. Leistungsbereitschaft und Leistungsfähigkeit sowie die Qualifikation bzw. Kompetenzen beeinflussen maßgeblich den Unternehmenserfolg und tragen entscheidend dazu bei, die Wettbewerbs- und Innovationsfähigkeit des Unternehmens zu sichern. Ständig sich verändernde Anforderungen an die Unternehmen, bedingt durch den technologischen, wirtschaftlichen und gesellschaftlichen Wandel, wirken sich unmittelbar auf die Ressource Mitarbeiter aus und führen auch hier zu einem Wertewandel und durch die Generationenwechsel ebenso zu einer veränderten Einstellung zur Arbeit. In Zeiten von Millennials und Digital Natives, dem Drang zur Selbstverwirklichung und der verstärkten Spezialisierung der Arbeitswelt auch in Richtung Homeoffice kommen heute auf die Personalbereiche der Unternehmen neue Herausforderungen zu. Solche Einflüsse müssen rechtzeitig erkannt, berücksichtigt und in Abstimmung mit Unternehmensgrundsätzen und -zielen in personalpolitische Maßnahmen überführt werden. Um Herauszufinden, was den Mitarbeitern in einer modernen Arbeitswelt am Herzen liegt, gibt es eine effiziente Methode: **„Wir fragen sie."**

„In jedem Menschen steckt ein König.
Sprich zu dem König, und er wird herauskommen."
(Deutsches Sprichwort)

Hierzu bedarf es einer mitarbeiterorientierten Führung und einer offenen Kommunikation und zwar in beide Richtungen, von der Führungskraft zum Mitarbeiter und umgekehrt. „Leading is people", damit stellen die Mitarbeiter eines Unternehmens das wichtigste Kapital dar, deren Faktoren der Arbeitszufriedenheit, ihre Interessen, Neigungen, Bedürfnisse und Fähigkeiten es von Führungsseite zu erkennen, zu entwickeln und mit den Anforderungen und Erfordernissen des Unternehmens in Einklang zu bringen gilt. In den einzelnen Abteilungen und Bereichen sollte dies zwischen dem direkten Vorgesetzten und dem Mitarbeiter mit Hilfe eines strukturierten Mitarbeitergespräches erfolgen. Um jedoch einen „flächendeckenden" und weiträumigen Über-und Einblick zu bekommen, bietet sich die Mitarbeiterumfrage an. Diese ermöglicht es – methodisch gut vorbereitet und kommuniziert, strukturiert durchgeführt und vor allem richtig ausgewertet – ein anonymisiertes Feedback von der „Basis" zu gewinnen und Impulsgeber für neue erfolgversprechende Denkanstöße aber auch qualitative Mitarbeiterführung zu bieten.

Zielsetzung ist, herauszufinden, ob die Mitarbeiter zufrieden sind in Bezug auf die verschiedensten Aspekte ihres Arbeitslebens, mit ihrer Arbeit selbst, mit der Arbeitsplatzausstattung, dem Arbeitsort und -umfeld, mit ihrem Vorgesetzten und der Geschäftsführung, mit der Vereinbarkeit von Beruf und Privatleben (work life balance), mit den Kommunikations- und Informationswegen, mit der Kooperation mit anderen Abteilungen und Bereichen, mit den Digitalisierungsmaßen, der Personalentwicklung u. v. m. Halten wir es mit dem britischen Staatsmann und Schriftsteller Benjamin Disraeli, der im 19. Jahrhundert sagte:

> **„Der Erfolgreichste im Leben ist der,
> der am besten informiert ist."**

Daher bleibt kaum eine andere Alternative, als die Mitarbeiter darüber zu befragen, ihre Vorschläge zu verdeutlichen und in Handlungsbedarfe umzusetzen. Damit zählt eine Mitarbeiterbefragung zu einem wichtigen strategischen Instrument des Change- Management, zur Verbesserung der Qualität, der Leistung, der Zusammenarbeit und der Führung im Unternehmen.

4.4.2 Aufgaben von Mitarbeiterbefragungen

Die Mitarbeiterumfrage kann als Orientierungs- und Bewertungshilfe bei der Realisierung von Unternehmensvisionen, Unternehmensstrategien und -maßnahmen dienen und je nach Erkenntnisfeld (z. B. Abteilung, Niederlassung, Bereich) und soziodemographischer Auswertung wie z. B. Altersstruktur, Betriebszugehörigkeit, Geschlecht, Indiz dafür sein, ob die Unternehmensleitung einerseits und die Führungskräfte andererseits auf dem richtigen oder auf dem falschen Weg aus der Sicht der Mitarbeiter sind.

Als Personalentwicklungsinstrument kann die Mitarbeiterbefragung folgende Funktionen erfüllen:

- **Diagnosefunktion:** Sie liefert der Geschäftsführung Informationen und Einschätzungen auf der Basis einer Stärken- und Schwächen-Analyse, gibt Aufschluss über die Interessen und Bedürfnisse der Mitarbeiter (Grad der allgemeinen Arbeitszufriedenheit) und bildet die Grundlage von gestalterischen Maßnahmen z. B. Organisation.

- **Evaluationsfunktion:** Sie erfasst die Bewertung von betrieblichen Faktoren wie z. B. Wie zufrieden sind Sie mit ...? und kann bei immer wiederkehrender Anwendung (z. B. im Turnus von 2–3 Jahren) im Zeitablauf auftretende Veränderungen analysieren. Für den Vorgesetzten eine ideale Möglichkeit, um sein Führungsverhalten zu evaluieren.

- **Interventionsfunktion:** Sie stößt einen Dialog im Unternehmen an, dient dem Einstieg in Veränderungsprozesse und stößt Personalentwicklungsmaßnahmen an. Sie bietet dem Management Möglichkeiten, gezielt in Problembereiche einzugreifen.

Ferner liefern die Ergebnisse eines „resource based view" auch wertvolle Informationen zur Führungs- und Kommunikationsstruktur im Unternehmen und kann als Einladung zum Dialog zur Verbesserung der Führungskultur beitragen: Zum einen erleichtert sie den Mitarbeitern die Artikulation ihrer Probleme, Anregungen und Interessen in anonymer Form artikulieren zu können und fördert eine aktive Beteiligung, zum anderen ermöglicht sie auch den Führungskräften, ihre Leistung und ihr Verhalten zu spiegeln und zu beurteilen (Fremdeinschätzung). Kurzum kann eine Mitarbeiterumfrage einen wesentlichen Beitrag zur partizipativen Unternehmensführung und -steuerung sowie einer damit verbundenen Mitarbeiterzufriedenheit leisten. Wichtig ist, dass die Unternehmensleitung die Ergebnisse ernst nimmt und am Handlungsbedarf arbeitet.

Wie sagte schon Lido Antonie „Lee" Iacocca, ein bekannter amerikanischer Manager in der Automobilindustrie und Schriftsteller:

Die meisten zögern, ihre Leute mit dem Ball laufen zu lassen. Aber es ist erstaunlich, wie schnell ein informierter und motivierter Mensch laufen kann."

4.4.3 Befragungstypen, Erhebungsmethoden und Befragungsfelder

Die Mitarbeiterbefragung ist also die systematische Informationsgewinnung über Einstellungen, Werte, Erwartungen, Bedürfnisse sowie Motive von Mitarbeitern mit dem Ziel, allen am Unternehmensgeschehen beteiligten Interessenten, insbesondere den Führungskräften und dem Management, umfassende Informationen zur Orientierung zu bieten.

Die Befragungstypen reichen dabei von Befragungen mit eingegrenzter Zielsetzung, z. B. Ermittlung der Meinungen zum Thema „Digitalisierung", bis hin zur Befragung sämtlicher unternehmensrelevanter Belange, die die Mitarbeiter betreffen, z. B. vom Arbeitsplatz bis hin zum Unternehmensidentifikation oder Corporate-Image-Studien (CI-Studien) – Fremdbildmerkmale eines Unternehmens – dabei werden auch Kunden, Lieferanten, soziale Gruppen usw. in die Meinungsbildung einbezogen.

Je nach Zielsetzung der Untersuchung ist die Auswahl der Erhebungsmethode z. B. eine schriftliche Befragung mittels Fragebogen (Paper-and-Pencil-Form) oder online oder auch stichprobenbezogene Interviews, zu wählen. Dabei ist besonders darauf zu achten, die Befragung der jeweiligen Unternehmenssituation individuell anzupassen und nicht auf standardisierte Lösungen und Angebote zurückzugreifen. Nur eine maßgeschneiderte Lösung führt zum erwünschten Erfolg und zu individuellen Ergebnissen. Zur Akzeptanzsicherung muss die Vertraulichkeit garantiert und die Anonymität der Angaben des Einzelnen gewahrt werden. Dies ist wichtig für die Gewährleistung einer höheren Rücklaufquote, ferner sollte die Auswertung von einer Institution außerhalb des Unternehmens, z. B. Hochschule oder Beratungsunternehmen, vorgenommen werden.

John Naisbitt, ein amerikanischer Trend- und Zukunftsforscher, führt hierzu an:

„Die Quelle der Macht ist nicht mehr Geld in der Hand von wenigen, sondern Informationen in den Händen von vielen."

In diesem Sinne lassen sich mit Hilfe von Mitarbeiterbefragungen eine Vielzahl von Informationen in Unternehmen mit

z. B. 30 Mitarbeitern bis hin zu Unternehmen mit vielen tausend Mitarbeitern zu den verschiedensten unternehmensrelevanten Themenbereichen gewinnen. Hierzu zählen heute beispielsweise Erkenntnisse über

- Unternehmensimage aus Sicht der Mitarbeiter (Selbsteinschätzung)
- Bekanntheitsgrad des Unternehmens und Identifikation mit dem Unternehmen
- Beurteilung des Arbeitsplatzes und der Arbeitsplatzausstattung (Arbeitsmittel), Arbeitszeitregelung
- Grundsätzliche Einstellung zur Arbeit „Wie erlebe ich meinen Arbeitsplatz?"
- Einstellungen und Verhaltensweisen beim Einsatz neuer Technologien wie Digitalisierung, organisatorische Veränderungen usw.
- Soziales Klima, Umgang der Mitarbeiter untereinander
- Führungsverhalten des direkten Vorgesetzten
- Führungskultur der Geschäftsführung
- Kommunikation und Information im Unternehmen
- Entwicklungsmöglichkeiten (lebensphasenorientierte Personalentwicklung – Ausbildung, Weiterbildung, Förderung)
- Work-Life-Balance (Einklang zwischen Beruf und Privatleben)
- Lohn und Gehalt, Sozialleistungen (freiwillige)
- Gesamtbild des Unternehmens/Corporate Identity
- Einstellungen zu Themen wie Arbeitssicherheit, Umweltschutz, usw.
- etc.

Die Themenliste für mögliche Befragungsfelder erhebt keinen Anspruch auf Vollständigkeit. Diese sind unternehmens- und interessenindividuell zu definieren. Von gekauften, einheitlichen, standardisierten Fragebogenlösungen ist abzusehen. Dies mag zwar die Vergleichbarkeit mit den Ergebnissen anderer Unternehmen erhöhen, berücksichtigt aber zu wenig die einzelnen Unternehmens- und Mitarbeitergegebenheiten.

4.4.4 Gute Planung trägt maßgeblich zum Erfolg bei

Die erfolgreiche Umsetzung einer Mitarbeiterumfrage, insbesondere auch zur Informationsgewinnung für das eigene Führungsverhalten, setzt eine intensive Vorbereitungs-, Informations- und Überzeugungsarbeit voraus, denn nur eine starke Identifikation mit diesem Instrument kann einen hohen Rücklauf und damit repräsentative und aussagefähige Ergebnisse erzielen.

Aus diesem Grunde ist es wichtig, die Mitarbeiter rechtzeitig und umfassend, unter Angabe der möglichen Zielvorstellungen, über das Vorhaben zu informieren sowie die Führungskräfte und eine gegebene Arbeitnehmervertretung in das Projekt einzubinden. Zur Umsetzung und Durchführung wäre es dringend empfehlenswert, eine Projektgruppe, bestehend aus Mitarbeitern aller Hierarchieebenen (z. B. 7–9 Mitglieder mit einem Moderator), ins Leben zu rufen, die die Befragungsfelder definieren und diskutieren und unter Anleitung einen unternehmensspezifischen Fragebogen entwickeln. Diese mitarbeiterbezogene Projektgruppe hat auch Multiplikatorwirkung für die verschiedensten Abteilungen und Bereiche im Unternehmen, was sich positiv auf den Bogenrücklauf auswirken kann.

Die Mitarbeiterbefragung lässt sich in folgende, auf die Unternehmensgegebenheiten abgestellte Planungsschritte untergliedern:

Vorbereitungsphase

- Zieldiskussion der Umfrage mit der Unternehmensleitung
- Information der Führungskräfte und Einbindung dieser
- Organisation mit Ablauf- und Zeitplanung
- Festlegung der Befragungsform, z. B. online-Befragung
- Identifikation: frühzeitige Informationen über das Vorhaben in Form von Rundschreiben, E-Mails, Firmen-App usw. von der Unternehmensleitung an die Mitarbeiter (Nennung der Befragungsintentionen)

Konzeptionelle Phase

- Ist-Aufnahme der Unternehmenssituation, z. B. Organisationsstruktur, Einbindung von Mitarbeitergruppen wie Auszubildende, Teilzeitkräfte, Aushilfen …
- Definition der Befragungsfelder wie z. B. Führungsverhalten des direkten Vorgesetzten und der Art der Fragen (offene oder geschlossenen Fragen – Ankreuzen von Einzelkriterien)
- Entwurf des Fragebogens durch die Projektgruppe, Diskussion des Bogens mit der Geschäftsführung
- Erarbeitung der endgültigen Fragebogenfassung

Durchführungsphase

- Durchführung eines Pretest mit ca. 8–10 Mitarbeitern: Test der Verständlichkeit des Bogens und der Fragebogensprache, Befragungsdauerermittlung;
- Befragungsdurchführung: kurzes aussagefähiges Anschreiben an die Mitarbeiter mit klarer Zielvorstellung und nochmalige Zusicherung der Anonymität mit Verschickung des Fragebogens; evtl. Einrichtung eines Telefondienstes zwecks Unklarheiten; Rücksendung des Bogens bis … (2 Wochen); bei zu geringem Rücklauf Nachfassaktion;
- IT-gestützte Auswertung der Befragungsergebnisse, z. B. über SPSS

Auswertungs- und Informationsphase

- Aufbereitung und Interpretation der Ergebnisse
- Präsentation der Ergebnisse vor Geschäftsführung/Personalrat/Projektgruppe
- Information aller Mitarbeiter über die Ergebnisse
- „Herunterbrechen" der Einzelergebnisse auf Abteilungs-, Bereichs-, Niederlassungsebene

Problemanalyse- und Problemlösungsphase

- Identifikation von Schwachstellen und Stärken z. B. in den Bereichen Führung durch den Vorgesetzten, Personalentwicklung, Informationspolitik auch nach Untersuchungs-

gruppen wie Abteilungen, Mitarbeiter/Führungskräfte, Bereiche usw.
- Maßnahmenplanung und -durchführung

Evaluationsphase

- Abschlussdiskussion mit der Geschäftsführung und den Führungskräften
- Umsetzung des Handlungsbedarfes in einer Projektgruppe
- Vernichtung/Löschung der IT-erfassten Daten
- Festlegung einer erneuten Mitarbeiterbefragung in 2–3 Jahren zur Erfolgskontrolle des umgesetzten Handlungsbedarfes

Die Ergebnisse der Umfrage sollten den Mitarbeitern zugänglich gemacht werden. Von Vorteil ist, den Befragten eine mehrseitige Auswertung über E-Mail oder Kopie (Mitarbeiter ohne Notebook am Arbeitsplatz) oder über das Intranet zugehen zu lassen. Halten wir es mit Alexander von Humboldt, einem deutschen Naturforscher des 18. Jh.:

„Das beste im Menschen ist,
was man offen aussprechen darf."

Mit dieser Offenheit sollte die Unternehmensleitung auch mit den Ergebnissen einer Umfrage umgehen. Letztendlich wollen wir etwas verändern, unsere Stärken verstärken und an unseren Schwächen arbeiten.

4.4.5 Anwendungserfahrungen und Nutzen

Aus der Erfahrung zahlreich durchgeführter Mitarbeiterbefragungen ist der Nutzen derartiger empirischer Untersuchungen in den unterschiedlichsten Zwecksetzungen und Perspektiven (Unternehmer-, Führungskraft-, Mitarbeiterperspektive) zu sehen, so z. B.

- Analyse des Betriebsklimas und der Arbeitszufriedenheit im Unternehmen bzw. in einzelnen Funktionsbereichen des Unternehmens;
- Erhebung der Meinungen und Einstellungen der Arbeitnehmer zu Arbeitsorganisation, Zusammenarbeit, Vorgesetzten u. a. mit dem Ziel der Erkenntnisgewinnung z. B. für die Personalentwicklung und Mitarbeiterförderung;
- Erkennen und Offenlegung von Schwachstellen und Problemfeldern (Mitarbeiterängste), Verbesserungspotenzialen und Reibungsverlusten
- (Frühwarnsystem), die für bestimmte Arbeitnehmergruppen wie z. B. Frauen, junge Mitarbeiter, ältere Mitarbeiter, Auszubildende, Teilzeitkräfte charakteristisch sein können mit anschließender Einleitung konkreter Veränderungsprozesse/Maßnahmen;
- Arbeit am Führungsverhalten der Vorgesetzten durch spezifische Umsetzung der von den Mitarbeitern genannten Führungskriterien und Führungsinstrumenten;
- Für den HR-Bereich: Einleitung bestimmter Maßnahmen und Mitarbeiterwünsche im Bereich der Personalentwicklung mit dem Ziel der Qualifikationsverbesserung und der Zusammenarbeit;

- Beteiligung der Mitarbeiter an den Unternehmensbelangen, Mitarbeiter „kommen zu Wort", „werden gehört" als wichtiger Schritt zur Verringerung der sozialen und hierarchischen Distanz zwischen Unternehmensleitung, Führungskräften und Mitarbeitern sowie zur Intensivierung offener Kommunikation. **„Aus Betroffenen Beteiligte machen"** sollte eine Devise sein;
- Die Umfrage kann dazu beitragen, interessante Ideen, Denkanstöße und Anregungen von Mitarbeitern zu erhalten (innovativer Aspekt/Ideenmanagement);

Interessant und somit erwähnenswert ist allerdings in diesem Zusammenhang eine Aussage von Steffi Graf, einer ehemaligen deutschen Tennisspielerin:

> **„Eine der erstaunlichsten Erscheinungen ist, dass man sich einbildet, von abhängigen Menschen unabhängige Meinungen erwarten zu dürfen."**

Um den besonderen Nutzen einer Mitarbeiterumfrage für eine Führungskraft, z. B. im Unternehmensbereich „Finanzen/Controlling", zu dokumentieren und aufzuzeigen, hier ein Teilausschnitt aus einem Fragebogen eines Dienstleistungsunternehmens mit ca. 2.000 Mitarbeitern zum Themenkomplex „direkter Vorgesetzter", der Verhaltensmerkmale des Vorgesetzten mit einer Benotungsskala von 1–5 (sehr gut bis mangelhaft) bewertet (Durchschnittswerte der eingegangenen Fragebögen):

Mein direkter Vorgesetzter...	1	2	3	4	5
... spricht Lob und Anerkennung aus		●			
... behandelt seine Mitarbeiter fair und gerecht					
... bespricht mit den Mitarbeitern ihren Leistungsfortschritt				●	
... gibt regelmäßig sachlich und konstruktiv Feedback			●		
... fördert die Teambildung und das Gemeinschaftsgefühl		●			
... erklärt Aufgaben klar und verständlich			●		
... zeigt sich auch öfters an meinen Arbeitsplatz					●
... informiert regelmäßig, zeitnah und umfassend		●			
... ist offen für konstruktive Kritik		●	●		
... hört sich die Meinung seiner Mitarbeiter an			●		
... kann eigene Fehler eingestehen		●			
... bietet mir die Möglichkeit, ihm Feedback zu geben		●			
... vermittelt auch Freude und Spaß am Arbeitsplatz		● ●			
... ist immer ansprechbar		●			
... ich wünsche mir die Möglichkeit, meinem Vorgesetzten Feedback geben zu können.			●		

Abb. 2: Direkter Vorgesetzter – Verhaltensmerkmale

Eine abteilungs-, bereichs- oder niederlassungsbezogene Auswertung (soziodemographische Auswertung) dieses Fragenkomplexes würde jetzt sehr deutlich zeigen, wie weit die einzelnen Items des Führungsverhaltens die Mitarbeiter nahe an der Note sehr gut/gut bewertet sehen/entfernt von diesen Noten sehen (Fremdeinschätzung). Dadurch bietet sich die Möglichkeit, künftig zielorientierter an diesen Kompetenzlücken und Verhaltensdefiziten in Sachen Mitarbeiterführung („zeigt sich auch öfters an meinem Arbeitsplatz") zu arbeiten bzw. dies mit einer Selbsteinschätzung durch die jeweilige Führungskraft zu spiegeln.

In diesem Sinne ist der Erfolg einer Mitarbeiterumfrage sehr stark abhängig von

- der Vertraulichkeit und Wahrung der Anonymität der Angaben des einzelnen, der Information und Aufklärung der Befragten im Vorfeld; Ist die Anzahl der Mitarbeiter in einer Abteilung kleiner 5–8, sollte keine abteilungsspezifische Auswertung gemacht werden;
- der Unterstützung durch die Unternehmensleitung, die Führungskräfte und eine mögliche Arbeitnehmervertretung;
- der Einbindung und Information der Befragten über Ergebnisse und die aktive Arbeit an der Beseitigung aufgedeckter Schwachstellen, der Umsetzung genannter Innovationen und Ideen unter Berücksichtigung der Mitarbeiterinteressen.

Ferner zeigt die Erfahrung aus zahlreich durchgeführten Mitarbeiterumfragen, dass vorhandene Potenziale und Denkanstöße der Mitarbeiter genutzt werden können.

Ganz entscheidend für eine Mitarbeiterumfrage ist es, die Ergebnisse offen zu kommunizieren und zu diskutieren, um somit einen Grundstein für weitere Gespräche zu legen. Die Befragten erwarten, dass Konsequenzen aus ihren geäußerten Einstellungen und Meinungen gezogen werden und in Aktionen münden, die einen positiven Einfluss auf den beruflichen Arbeitsalltag nehmen. Es darf auf keinen Fall so sein, dass nur die von der Geschäftsführung positiv empfundenen Ergebnisse kommuniziert werden oder sogar keinerlei Ergebnisse preisgegeben werden.

Die Durchführung einer Mitarbeiterbefragung ist nur ein erster Schritt, in einem umfassenden Konzept, für eine konsequente und schrittweise Realisierung von konkreten Maßnahmen, die sich aus dem eruierten Handlungsbedarf ergeben.

Sie ist eine Möglichkeit, ein konstruktives und nützliches Gespräch zwischen Unternehmensleitung, Führungskräften und Mitarbeitern zu führen und ein erster Baustein einer kooperativen, mitarbeiterorientierten Unternehmensführung. In diesem Funktionszusammenhang wird die Mitarbeiterumfrage zukünftig auch für kleine und mittelständische Unternehmen interessant. So haben wir in den letzten Jahren Umfragen in Unternehmen mit 30–60 Mitarbeitern durchgeführt, von der Zahnarztpraxis bis hin zum Elektroinstallationsunternehmen.

Diese Befragungen sollen allerdings nicht als einmalige Maßnahme/Aktivität verstanden werden. Erst in den Wiederholungen (alle 2–3 Jahre) und in der vergleichenden Betrachtung der Ergebnisse lässt sich erkennen, inwieweit der Beseitigung von Schwachstellen oder der Berücksichtigung von Mitarbeiterinteressen im Zeitablauf Rechnung getragen wurde.

Wie sagte schon Chris von Rohr, ein Schweitzer Rockmusiker und Buchautor:

„Kapital kann man beschaffen, Fabriken kann man bauen, aber Menschen muss man gewinnen."

„Tue Gutes und rede darüber" sollte ein Motto im Unternehmen sein. Inwieweit dies gelingt, hängt stark von der Bereitschaft der Geschäftsführung und der Führungskräfte ab, über beschlossene und verworfene Maßnahmen zu informieren.

In diesem Sinne ist die Mitarbeiterumfrage als Führungsbaustein insbesondere ein Informationsinstrument für unterschiedliche Problemfelder, ein Analyseinstrument zum Führungsverhalten (Vorgesetztenverhalten) und zu bestimmten Arbeitssituationen.

Somit wird die Mitarbeiterumfrage zu einem Instrument partnerschaftlicher Unternehmens- und Mitarbeiterführung, mit der durch die Befragung von Mitarbeitern Mitarbeiterinteressen bewusst gemacht werden. Damit werden Entscheidungsgrundlagen geschaffen und Maßnahmen hinsichtlich ihrer Wirksamkeit und Akzeptanz überprüft.

In Zukunft wird die Bedeutung von Mitarbeiterbefragungen bzw. Arbeitszufriedenheitsuntersuchungen gerade im mittelständischen Unternehmensbereich erheblich steigen. Zwischenzeitlich hat sich in der betrieblichen Praxis die Erkenntnis durchgesetzt, dass ein „resource-based-view" und die Mitarbeiterpotenziale für den Unternehmenserfolg besonders wichtig sind. Schlagworte wie Employer branding, Arbeitgeberattraktivität, Gewinnung und Bindung qualifizierter, motivierter und identifizierter Mitarbeiter und Führungskräfte, Talentmanagement, Personalentwicklung, Karrierepfade usw. leisten dabei wesentliche Erkenntnisse. Qualitätsmanagementprozesse, Auditierungen und die Steuerung nach Balanced-Scorecard-Konzeptionen werden zukünftig ohne die Erkenntnisse aus Mitarbeiterbefragungen schwerlich funktionieren.

> **„Man liebt das, wofür man sich müht, und man müht sich für das, was man liebt."**
> (Erich Fromm, deutsch-amerikanischer Psychoanalytiker)

Verwendete und empfehlenswerte Literatur

Borg, I.: Führungsinstrument Mitarbeiterbefragung, Göttingen 2000

Borg, I.: Mitarbeiterbefragungen kompakt, Göttingen 2002

Domsch, M. E./Ladwig, D. (Hg.): Handbuch Mitarbeiterbefragung, Berlin 2013

Gehring, F. u. a. (Hg.): Die Mitarbeiterbefragung, Stuttgart 2015

Görtler, E./Rosenkranz, D.: Mitarbeiter- und Kundenbefragungen, München 2006

Nürnberg, V.: Mitarbeiterbefragungen, Freiburg 2017

Schrameier, M.: Mitarbeiterbefragungen sind nur der Anfang, Hamburg 2014

Scholz, Ch./Müller, S.: Mitarbeiterbefragungen, aktuelle Trends und hilfreiche Tipps, Stuttgart 2012

Töpfer, A./Zander, E. (Hg.): Mitarbeiterbefragungen, Frankfurt 1985

4.5 Mitarbeitergespräch als Beratungs- und Fördergespräch – Führungsinstrument für mehr Mitarbeiternähe

4.5.1 Wissenswertes zum Einstieg

Effiziente und erfolgreiche Personal- und Führungsarbeit im Unternehmen setzt Gespräche zwischen dem Vorgesetzten und den Mitarbeitern in den verschiedensten Formen und Ausprägungen voraus, auch Gespräche, die über die betriebliche Alltagskommunikation hinaus, durchgeführt werden. So unterscheiden wir heute eine Vielzahl von Gesprächsformen jeweils im Abhängigkeit vom betrieblichen Anlass, punktuell durchgeführt (Grund liegt vor) oder als z. B. jährlich fest institutionalisiertes Gespräch. Einige gängige Gesprächsformen sind:

- Einstellungsgespräche
- Probezeitgespräche
- Konfliktgespräche
- Kritikgespräche
- Beurteilungsgespräche
- Kündigungsgespräche
- Austrittsgespräche
- Leistungsorientierte Gespräche (Beurteilung)
- Zielvereinbarungsgespräche
- Rückkehrgespräche (nach längerer Krankheit)
- **Beratungs- und Fördergespräch (B & F-Gespräch)**

Gegenstand der weiteren Betrachtung ist das Mitarbeitergespräch (MAG) als Beratungs- und Fördergespräch, oft auch

B & F-Gespräch genannt, das im organisatorischen Ansatz von unten nach oben geführt wird, d. h. zuerst führt der Teamleiter die Gespräche mit seinen Mitarbeitern, dann der Abteilungsleiter mit seinen Teamleitern usw. Das B & F-Gespräch kann als Einstieg eines Unternehmens in die institutionalisierte Mitarbeitergesprächswelt genutzt werden und danach zum Zielvereinbarungsgespräch sowie zum Leistungsbeurteilungsgespräch ausgebaut bzw. erweitert werden. Dies sind dann allerdings Mitarbeitergespräche, die von oben nach unten (top down) geführt werden.

In diesen Gesprächen können Informationen weitergegeben, Aufgaben besprochen und delegiert werden, Verantwortungen festgelegt, Erfahrungen ausgetauscht und diskutiert sowie Entscheidungen getroffen und Zielerreichungsgrade gemessen und besprochen werden. Sie bieten aber auch die Möglichkeit, die sozialen Kontakte zu verbessern, Beziehungen zwischen Vorgesetztem und Mitarbeiter herzustellen und auszubauen, Vertrauensverhältnisse zu knüpfen und die Motivation sowie die Unternehmensidentifikation zu festigen und zu stärken. Auch die Beratung in betrieblichen Belangen und über die Entwicklung des individuellen Mitarbeiterpotenzials zur Realisierung unternehmenspolitischer Zielsetzungen können Gegenstand des Gespräches sein.

Der deutsche Philosoph Carl Jaspers führt hierzu an: „**Dass wir miteinander reden können, macht uns zu Menschen.**"

In diesem Sinne ist in einigen mittelständischen Unternehmen und in vielen Großunternehmen das systematische Mitarbeitergespräch, z. B. als Beratungs- und Fördergespräch, mindestens einmal jährlich fest institutionalisiert. Leider wird diese Gesprächskultur in kleinen und teilweise mittelständischen Unternehmen noch viel zu selten praktiziert und oftmals mit dem Spruch **„Wir reden doch ständig miteinander"** abgetan.

Das Mitarbeitergespräch als Beratungs- und Fördergespräch ist ein geplantes, inhaltlich vorbereitetes und strukturiertes Gespräch zwischen dem Vorgesetzten und seinen Mitarbeitern. Es handelt sich um eine standardisierte Kommunikationsform, die mindestens 1–2mal jährlich stattfindet. Das Gespräch kann bereits nach einer Stunde beendet sein, je nach Anlass aber auch länger dauern. Aus einigen Großunternehmen ist bekannt, dass dieses Gespräch bis zu 6 Stunden dauern kann bzw. sogar online durch Verschickung des Gesprächsbogens und der Bitte zur Bearbeitung und Rücksendung an die Führungskraft „durchgeführt" und bei Auftreten zu starker Unterschiede (Fremd- und Selbsteinschätzung) dann ein Gespräch anberaumt wird.

Beide Gesprächspartner, Vorgesetzter und Mitarbeiter, sollen sich auf ihr MAG gründlich vorbereiten können, d. h. beiden muss der Gesprächsleitfaden sowie der Gesprächsbogen im Voraus bekannt sein und vorliegen.

Die Idee des Mitarbeitergespräches beruht auf der Überzeugung, dass die Aufgaben des Unternehmens nur partnerschaftlich und mit beidseitigem Engagement und Wertschätzung zu lösen sind. Das Gespräch zwischen dem direkten Vorgesetzten und den Mitarbeitern schafft eine wesentliche Voraussetzung im Interesse einer erfolgreichen, zielorientierten Zusammenarbeit.

Die Ziele dieses Mitarbeitergespräches lassen sich mit den Begriffen „Bilanz ziehen" und „Zukunft planen" definieren. Bilanz ziehen heißt dabei, z. B. den vergangenen Arbeitszeitraum zu reflektieren, erzielte Ergebnisse zu bewerten, individuelle Stärken und Schwächen beider Gesprächspartner zu identifizieren. Zukunftsplanung bedeutet, z. B. neue Ziele und Aufgaben zu vereinbaren, an den Stärken und Schwächen zu arbeiten, persönliche und berufliche Zielsetzungen festzulegen und über Personalentwicklungsaktivitäten umzusetzen.

Mitarbeitergespräche werden, wenn sie eingeführt und durchgeführt werden, ohne Ausnahme auf allen Hierarchieebenen des gesamten Unternehmens bis nach oben zum Vorstand/Geschäftsführung durchgeführt. Freiwilligkeit für die Gesprächsdurchführung sollte dringendst vermieden werden.

Für die Vorgesetzten ist das strukturierte Mitarbeitergespräch ein wichtiges Führungsinstrument insbesondere im Rahmen bestehender Führungsgrundsätze/-leitlinien und dient auch der Evaluation des eigenen Führungsverhaltens. Die Initiative zur Umsetzung des anstehenden Mitarbeitergespräches geht vom Vorgesetzten aus (Bringschuld), kann aber auch vom Mitarbeiter eingefordert werden (Holschuld). Dem Mitarbeiter wird im Gespräch sein Handlungsrahmen verdeutlicht und ein Maßstab für die eigene Arbeit gegeben.

Dorothy Nevel, eine amerikanische Kommunikationswissenschaftlerin, meint:

> **„Die wahre Kunst der Kommunikation liegt darin, nicht nur das Richtige am richtigen Ort und zur richtigen Zeit zu sagen, sondern das Falsche im verlockenden Augenblick ungesagt zu lassen."**

Somit sind die Mitarbeitergespräche als Beratungs- und Fördergespräche durch diese Merkmale gekennzeichnet:

- Das Mitarbeitergespräch wird regelmäßig, zu einem bestimmten vorher vereinbarten Termin auch mit Bezug auf bestimmte Anlässe (Feedback) durchgeführt.
- Das Gespräch wird i. d. R. vom direkten Vorgesetzten geführt. Nur in Ausnahmefällen wird dieses Gespräch vom nächsthöheren Vorgesetzten oder von Mitarbeitern des HR-Bereiches durchgeführt.
- Mitarbeitergespräche sollen Vier-Augen-Gespräche sein. In Einzelfällen kann es vorkommen, dass der Vorgesetzte oder der Mitarbeiter eine weitere Person zum Gespräch hinzuzieht (Person des Vertrauens aus dem Unternehmen). In bestimmten, im Betriebsverfassungsgesetz genannten Fällen, kann der Mitarbeiter die Anwesenheit eines Betriebsratsmitgliedes verlangen.
- Das Mitarbeitergespräch hat immer einen bestimmten, den Gesprächsteilnehmern bekannten Sachinhalt mit einer bestimmten Zielsetzung.

Damit wird diese Mitarbeitergesprächsform Führungsaufgabe, die nicht delegierbar ist.

Das Mitarbeitergespräch ist in wesentlichen Teilen ein Feedback-Gespräch zwischen zwei Gesprächspartnern, dem Vorgesetzten und dem Mitarbeiter. Ein Feedbackgespräch zu führen, will gelernt sein, wie wir noch ansprechen werden.

4.5.2 Nutzen/Vorteile des Mitarbeitergespräches

Die richtige und sinnvolle Nutzung dieses Führungsinstrumentes kann somit für alle Beteiligten sowie auch für das Unternehmen insgesamt nutzbringend und positiv wirken. Die Vorteile für die einzelnen lassen sich mit einigen Beispielen wie folgt festhalten:

Für den **Mitarbeiter**

- Als engagierter und identifizierter Mitarbeiter möchten Sie Prozesse mitgestalten und Ihren Beitrag zur Leistung Ihrer organisatorischen Einheit (Abteilung, Bereich) und des Unternehmens insgesamt kennen.
- Im Rahmen eines konstruktiven Dialoges diskutieren Sie z. B. Aufgaben, Stärken und Schwächen, Entwicklungsmöglichkeiten u. v. m.
- Das Mitarbeitergespräch informiert Sie über die Erwartungen Ihres Vorgesetzten sowie des Unternehmens insgesamt;
- Ihr Vorgesetzter setzt sich intensiv mit Ihrer Arbeit und Ihren persönlichen Erwartungen sowie Ihrer beruflichen

Entwicklung auseinander. Sie erfahren in diesem Zusammenhang auch etwas über die Einschätzung Ihrer Stärken und Schwächen durch den Vorgesetzten.
- Dieses Mitarbeitergespräch gibt Ihnen eine regelmäßige Gelegenheit, Ihre Vorstellungen, Anregungen und möglichen Verbesserungen arbeitsplatzbezogen einzubringen sowie Ihre persönlichen Entwicklungs- und Förderperspektiven zu besprechen.
- Sie haben ferner die Möglichkeit, Ihrem Vorgesetzten ein persönliches Feedback seines Führungsverhaltens zu geben;
- Sie werden als Mitarbeiter am betrieblichen Geschehen beteiligt.

Antonie Yeboah, ein ehemaliger Bundesliga-Fußballprofi, sagte sehr treffend:

„Wir müssen miteinander reden, nicht gegeneinander."

Für den **Vorgesetzten**:

- Das jährlich stattfindende Mitarbeitergespräch bietet Ihnen kontinuierlich Informationen über Ziele, Wünsche und Erwartungen aber auch Sorgen und Ängste Ihrer Mitarbeiter und bietet damit Grundlage für eine fruchtbare Zusammenarbeit.
- Auch Sie als Führungskraft haben die Möglichkeit, Ihre Wünsche und Erwartungen als Vorgesetzter deutlich zu machen sowie wichtige Arbeiten und Ziele klar und deutlich zu benennen.

- Sie können Vorschläge, Anregungen und Denkanstöße Ihrer Mitarbeiter berücksichtigen und dadurch Verbesserungsvorschläge sowie Optimierungsmöglichkeiten erkennen, erfassen und realisieren.
- Das Mitarbeitergespräch bietet einen idealen Rahmen zur Erörterung persönlicher Entwicklungs- und Fördermaßnahmen der Mitarbeiter. Auch wünschenswerte und notwendige Leistungs- und Verhaltensänderungen am Arbeitsplatz können partnerschaftlich in einem konstruktiven Dialog besprochen und diskutiert werden.
- Sie lernen als Führungskraft Anschauungen und Einschätzungen Ihrer Mitarbeiter zu bestimmten Sachverhalten genauer kennen und erhalten darüber hinaus auch Aufschlüsse über arbeitsatmosphärische Aspekte (z. B. Stimmungslage, Motivation) Ihrer Mitarbeiter;
- Im Vier-Augen-Gespräch erlangen Sie Feedback zu Ihrem eigenen Führungsstil und dem Führungsverhalten (Fremdeinschätzung), können dies mit Ihrer Selbsteinschätzung spiegeln, Missverständnisse in der Diskussion klären und gemeinsame Lösungen für die Zukunft erarbeiten. Dies setzt auf Mitarbeiterseite ein hohes Maß an Ehrlichkeit im Gespräch voraus, von Vorgesetztenseite eine hohe Kritikfähigkeit.
- Nutzen Sie das Mitarbeitergespräch als Beratungs- und Fördergespräch als Führungsinstrument zur Motivation und Potenzialerkennung Ihrer Mitarbeiter.
- Nachwuchsprobleme werden reduziert (Potenzialerkennung), Nachfolgeplanung wird erleichtert.
- Gedankenaustausch verbessert die Kommunikation und die Zusammenarbeit.

Cyril Northcote Parkinson, ein britischer Historiker und Soziologe führt an:

„Unsere Hauptschwierigkeit bei der Kommunikation ist es, mit Hilfe unserer Vorstellungskraft zu erfassen, wieviel die anderen Leute wissen oder nicht."

Für das **Unternehmen** insgesamt:

- Festigung und Förderung der Zusammenarbeit, Steigerung der Arbeitsergebnisse und -qualität;
- positiver Effekt für das Betriebsklima insgesamt durch die Möglichkeit des Meinungsaustausches und die Beteiligung der Mitarbeiter an Unternehmensbelangen;
- Informationen über die Erwartungen der Mitarbeiter an das Unternehmen;
- Potenzialerkennung – Förderung von Mitarbeitern, Nachwuchskräftebildung und mögliche Nutzung von „schlummernden Potenzialen";
- Verbesserungsvorschläge aus Mitarbeitersicht (Betriebliches Vorschlagswesen und Ideenmanagement);
- stärkt die Loyalität zum Unternehmen und die Identifikation mit der Zielsetzung des Unternehmens;
- Dient der Mitarbeiterbindung und Vertrauensbildung;
- Schaffung einer entwicklungsorientierten Führungskultur im Unternehmen.

Der Literaturhistoriker Friedrich Ebeling führt hier allerdings an:

> „Der Widerspruch zwischen dem was gesagt wird,
> und dem, was gemeint ist, ist sehr groß.
> Man muss ihn herausfinden."

Dies zu erkennen und herauszufiltern ist Aufgabe des Vorgesetzten.

Wichtige Bedingungen zur Erzielung dieser Vorteile sind eine bestehende und gelebte Vertrauenskultur im Unternehmen und die Unterstützung durch die Geschäftsführung. Des Weiteren sind die Führungsbefähigung der Vorgesetzten (Kompetenzen) sowie der Reifegrad der Mitarbeiter von entscheidender Bedeutung.

4.5.3 Dies gilt für die Umsetzung

- *Vorbereitungsphase*

Wichtig ist, dass sowohl der Mitarbeiter als auch der direkte Vorgesetzte einen individuell erarbeiteten Gesprächsleitfaden erhalten sowie einen Mitarbeitergesprächsbogen. Beide sollten jederzeit auch im Intranet des Unternehmens präsent sein zwecks direktem Zugriff für die Gesprächsvorbereitung. Beide werden jeweils unternehmensindividuell konzipiert. Davon hängt dann auch die inhaltliche Vorbereitung auf ein Gespräch ab. Ferner sollten die nachfolgenden Anregungen ihren Niederschlag im Gesprächsleitfaden finden.

Qualität und Erfolg eines Gespräches hängen u. a. auch von einer sehr guten Vorbereitung durch beide Gesprächspartner ab. Dabei gilt vorab, folgende **organisatorische Vorgaben** zu berücksichtigen:

- Vorgesetzter und Mitarbeiter vereinbaren gemeinsam und rechtzeitig (ca. 2–3 Wochen vorher) einen Termin. Wir warnen vor der Ansetzung spontaner Gesprächstermine als eine Art „Lückenbüßer", wenn dem Vorgesetzte kurzfristig ein Kundentermin geplatzt ist.
- Die Gespräche können nach einer Stunde beendet sein, aber auch länger dauern (Anlassbezug). Planen Sie ausreichend Zeit ein, so dass alle Fragen beantwortet und besprochen werden können. Und noch ein Tipp: Bei der Einführung eines MAG beginnen Sie mit einer Gesprächsdauer von 1 Stunde. Bedenken Sie die möglichen Ängste des Mitarbeiters vor einem solchen Gespräch und möglicherweise auch die Ängste des Vorgesetzten. Häufig werden hierzu Rollenspiele zum Training des MAG angeboten.
- Der Vorgesetzte dokumentiert die Gesprächsinhalte meist auf dem Gesprächsbogen, die dann auch dem Mitarbeiter ausgehändigt werden. Nach der Unterzeichnung der Gesprächsdokumentation durch den Vorgesetzten und den Mitarbeiter wird diese in die Personalakte überführt.
- Ist ein Gespräch mit dem Vorgesetzten „festgefahren", da große Unterschiede in der Meinungsbildung vorliegen, brechen Sie das Gespräch ab und setzen sofort gemein-

sam einen neuen Termin Tage später an. Ein „darüber schlafen" hilft häufig bei der erneuten Meinungsbildung.

- Wie bereite ich mich als **Mitarbeiter**, jeweils in Abhängigkeit von der inhaltlichen Ausgestaltung des Gesprächsbogens, vor?

Hierzu einige Anregungen:

- Überlegen Sie, welche Punkte auf jeden Fall besprochen werden sollten (möglicherweise Prioritäten festlegen). Der Gesprächsbogen liegt Ihnen ja vor. Bereiten Sie sich als Mitarbeiter inhaltlich vor.
- In Sachen Arbeit: Welche Tätigkeiten nehmen Sie mit welchen Schwerpunkten wahr bzw. möchten Sie zukünftig Schwerpunkte setzen?
- Überlegen Sie, ob und in welchen Tätigkeitsfeldern Sie mehr Verantwortung übernehmen möchten?
- Was habe ich tätigkeitsbezogen erreichen können? Vergleichen Sie die Erwartungen mit dem Erreichten. Wo bin ich zufrieden?
- Welche Ziele werden im Folgejahr für mich vereinbart? Was benötige ich zur Zielerreichung?
- In welcher Weise hat mich mein direkter Vorgesetzter bei der Erfüllung meiner Aufgaben unterstützt?
- Wie erlebe ich die Zusammenarbeit mit meinen Kollegen und meinem Vorgesetzten?
- Was möchte ich meinem Vorgesetzten in Sachen Führungsverhalten rückmelden?

- Wo liegen meine Stärken und Schwächen? Wo sieht mein Vorgesetzter Verbesserungsmöglichkeiten?
- Welchen Weiterbildungsbedarf habe ich für die Erfüllung meiner Aufgaben und evtl. zur Verbesserung meiner Kompetenzen?
- Wie sehe ich meine beruflichen Entwicklungs- und Fördermöglichkeiten im Unternehmen? Wie sieht mich mein Vorgesetzter?
- Welche zusätzlichen Kenntnisse und Erfahrungen würde ich mir gerne aneignen aufgrund meiner persönlichen zukünftigen Berufsziele?
- Was motiviert mich an meinem Arbeitsplatz/in meinem Unternehmen?
- Welche arbeitsplatzübergreifenden/unternehmerischen Ideen und Anregungen habe ich?

Martin Andersen-Nex, ein bekannter dänischer Schriftsteller des 19. Jh., führt hierzu treffend an:

„Gespräche werfen nicht nur auf die Fragen selbst ein Licht, sondern auf die Menschen, die sie diskutieren."

Dies ist eine besondere Anregung für jeden Vorgesetzten, mehr den Menschen, den Mitarbeiter in den Vordergrund zu stellen, als die Fragen/Inhalte.

- Wie bereite ich mich als **direkter Vorgesetzter** vor?

    - Welchen Mitarbeiter habe ich vor mir?
    - Welche Fach- und Führungsaufgaben nimmt der Mitarbeiter wahr?
    - Welche dieser Tätigkeiten sind besonders wichtig und mit welcher Intensität werden die Aufgaben wahrgenommen?
    - Wie habe ich meinen Mitarbeiter bei der Umsetzung seiner Aufgaben unterstützt?
    - Was sind zentrale Aussagen zur Leistungsfähigkeit/-bereitschaft, die ich dem Mitarbeiter rückmelden möchte? Fachlich, methodisch, sozial, persönlich.
    - Wenn der Mitarbeiter selbst Vorgesetzter ist (Gespräch wird hierarchisch von unten nach oben geführt): Wie ist sein Umgang mit den Mitarbeitern? Was tut er für die Förderung und Entwicklung seiner Mitarbeiter? Wie ist die Kommunikation und Information mit den Mitarbeitern?
    - Welche Tätigkeiten ergeben sich für den Mitarbeiter im kommenden Zeitraum (ein Jahr) mit Ausblick länger?
    - Was kann ich tun, dass mein Mitarbeiter diese Zielvorgaben erreicht?
    - Wo liegen die Stärken meines Mitarbeiters, an welchen Schwächen müssen wir arbeiten?
    - Welche Erwartungen hat der Mitarbeiter vermutlich an mich als Führungskraft?

- Welchen Weiterbildungsbedarf sehe ich im Hinblick auf die Erfüllung seiner Aufgaben und zur möglichen Verbesserung seiner sozialen Kompetenz u. a.?
- Wie schätze ich die beruflichen Entwicklungsmöglichkeiten meines Mitarbeiters im Unternehmen ein?
- Was kann getan werden, um die berufliche und persönliche Entwicklung des Mitarbeiters zu fördern?
- Welchen Beitrag kann ich als Vorgesetzter leisten, um diese Entwicklung zu unterstützen?

Denken Sie als Vorgesetzter an eine Aussage von Friedrich Georg Jünger, einem bekannten deutschen Lyriker, der anmerkte:

„Im Gespräch muss man die Gedanken des Partners unterstützen, ihnen Raum geben und Luft schaffen.
Man sollte sie nicht ersticken,
bevor man ihnen widerspricht."

Er betont dabei in besonderem Maße die Tugenden wie „Ausreden lassen", „Zuhören können" und vor allem, sich im „Gespräch auch zurücknehmen" (Dosierung der Redeanteile der Beteiligten), introvertierte Mitarbeiter zum Gespräch motivieren, extrovertierte „bremsen".

- **Gesprächsdurchführung**

Der Erfolg eines Mitarbeitergespräches hängt im Wesentlichen auch davon ab, dass beide Gesprächspartner offen und ohne Vorurteile in das Gespräch gehen. Die Qualität des Mitarbeitergespräches wird maßgeblich getragen durch aktives Zuhören können und das Verständnis für die Probleme und Anliegen des Gesprächspartners (Empathie).

Wie sorge ich als Vorgesetzter für ein atmosphärisch angenehmes und erfolgreiches Mitarbeitergespräch?

- Schaffen Sie eine **positive Gesprächsatmosphäre**, z. B.

  + Planen Sie genügend Zeit für die einzelnen Punkte ein mit kleinen Zeitpuffern;
  + suchen Sie einen neutralen Ort (Besprechungsraum oder Besprechungsecke). Bitte kein Mitarbeitergespräch, indem Ihr Gesprächsteilnehmer vor Ihrem Schreibtisch sitzt – Unterordnungsverhältnis, kein MAG in einem Biergarten oder einem sonstigen Lokal;
  + schaffen Sie einen störungsfreien Gesprächsverlauf, d. h. ohne Handy, keine Besuche, keine noch schnell zu leistenden Unterschriften, im Besprechungsraum mit Schild „Bitte keine Störung" an der Außentür u. v. m.
  + starten Sie bei besonders introvertierten und extrem ruhigen Mitarbeitern mit einem Thema, das Ihnen aus dem Freizeitbereich, aus der Familie des Mitarbeiters bekannt ist oder ein sportliches Thema.

> „Kommen Sie hinter Ihrem Schreibtisch hervor.
> Machen Sie drei Schritte über Ihr Büro hinaus und
> Sie haben sie gefunden: Eine gemeinsame Grundlage."
> (Kevin J. Murphy, amerikanischer Professor
> und Managementberater)

- Geben Sie dem Mitarbeiter genügend **Zeit und Raum**, d. h.

  + Lassen Sie dem Mitarbeiter Raum zur Präsentation seiner Standpunkte, versetzen Sie sich gedanklich in seine Situation;
  + denken Sie an die Anliegen, Wünsche, Interessen des Mitarbeiters;
  + hören Sie gut zu, versetzen Sie sich in die Situation des Mitarbeiters, ermuntern Sie zum Dialog und motivieren Sie zum Mitdenken;
  + klären Sie Prioritäten und wiederholen die Ergebnisse der Gesprächspunkte abschnittweise.

- Sprechen Sie **offen** und sind Sie **ehrlich im Umgang miteinander**

  + zeigen Sie Problemfelder auf und berücksichtigen Sie auch Standpunkte und Argumente Ihres Gesprächspartners;
  + stellen Sie sich auch auf emotionale Reaktionen ein und lernen Sie damit umzugehen;
  + bleiben Sie sachlich, konstruktiv und korrekt, gehen Sie Konflikte aktiv an;

- suchen Sie das Gespräch und gemeinsame, für beide tragbare Lösungen;
- vertagen Sie das Gespräch, wenn dies festgefahren ist (inhaltlich oder emotional) oder die Situation verfahren scheint;
- ist bei entscheidenden Fragen keine Einigung möglich, binden Sie auch eine von beiden akzeptierte dritte Person ein. Dies könnte der nächsthöhere Vorgesetzte oder eine betriebliche Vertrauensperson sein.

Nyjel Hunter, ein britischer Marketingmanager, sagt hierzu sehr treffend:

> „Es prägt dich emotional, rational und empathisch, wenn du mehr zuhörst als zu reden. Denn Verständnis für deinen Gegenüber ist die Grundlage eines guten Gesprächs."

- **Gesprächsabschluss und Dokumentation**

Fassen Sie abschließend die wichtigsten Gesprächsergebnisse zusammen, besprechen Sie diese nochmals kurz und holen sich die Zustimmung Ihres Mitarbeiters ein. Erstellen Sie dann ein Gesprächsprotokoll auf der Basis des Gesprächsbogens, das dann an beide Gesprächspartner geht. Dokumentieren Sie das Gespräch. Schriftlich fixierte Vereinbarungen sind ein wesentlicher Bestandteil für die kooperative und konstruktive Zusammenarbeit. Sie schützen sich dadurch vor unterschiedlichen Interpretationen, Auslegungen, Verfälschungen und Abweichungen im

Nachgang. Ferner dient das Gesprächsprotokoll auch der Vorbereitung auf das nächste Mitarbeitergespräch.

Der **Gesprächsbogen** soll den Mitarbeiter und den Vorgesetzten bereits im Gespräch unterstützen und den „roten Faden" aufzeigen. Er ist so konzipiert, dass betriebsindividuelle wichtige Punkte zur Sprache kommen, die Gesprächspartner sich aber hierdurch nicht in den Inhalten zu sehr eingeengt fühlen müssen. Ein unausgefüllter Gesprächsbogen, der vom Personalbereich regelmäßig zur Verfügung gestellt wird oder aus dem Intranet des Unternehmens entnommen werden kann, sollte als eine Art „Logbuch" über das Jahr verteilt mit Notizen, Anmerkungen, Anregungen und Ideen bestückt werden, damit diese im eigentlichen Gespräch nicht verloren gehen. Dies erhöht auch in erheblichem Maße die Qualität des Gespräches.

Die Inhalte eines Gesprächsbogens werden von Unternehmen zu Unternehmen unterschiedlich definiert und festgelegt, orientiert an den Aufgaben und Zielen, die mit dem MAG verbunden sind. Dabei sind in der betrieblichen Praxis oftmals folgende Themenbereiche festgelegt:

+ Rückblick auf das abgelaufene Jahr (Bilanz ziehen z. B. in Sachen Arbeit)
+ Zusammenarbeit und Kommunikation
+ Stärken-/Schwächenanalyse beider Seiten (Eigen- und Fremdeinschätzung)
+ Förderung und Entwicklung des Mitarbeiters

+ Ausblick, Vereinbarungen zu Tätigkeiten, zum Verhalten
+ Schlussstellungnahme des Mitarbeiters

Nachfolgend ein Beispiel zur Evaluation der Führungskompetenz aus dem Mitarbeitergesprächsbogen eines mittelständischen Industrieunternehmens mit ca. 1.600 Mitarbeitern. Dabei wird die Einschätzung des Mitarbeiters (Fremdeinschätzung) der Einschätzung des Vorgesetzten (Eigeneinschätzung) gegenübergestellt und Abweichungen im Gespräch diskutiert/begründet:

Führungskompetenz meines direkten Vorgesetzten (Beispiel aus einem Gesprächsbogen nach dem gängigen Schulnotensystem von 1–5 – sehr gut bis mangelhaft)

Kompetenzen	Mitarbeiter*in					Vorgesetze*r				
	1	2	3	4	5	1	2	3	4	5
Kritikfähigkeit				●		●				
Zuverlässig				●					●	
Information/Kommunikation		●								●
Entscheidungsfähigkeit		●							●	
Durchsetzungsfähigkeit		●							●	
Konfliktfähigkeit	●								●	
Hilfsbereitschaft	●							●		
Anerkennung und Lob	●								●	
Vorbildfunktion		●							●	
Sozialkompetenz				●				●		
Vermittelt Freude an der Arbeit	●								●	
Mitarbeitervertrauen				●			●			
Führungskompetenz generell				●				●		

Abb. 3: Mitarbeitergespräch – Wahrnehmung von Führungskompetenzen

Je eine Ausfertigung dieser Gesprächsdokumentation erhalten die Gesprächspartner, der Vorgesetzte und der Mitarbeiter, sowie der HR-Bereich. Sie dient im Folgejahr zur Auswertung dessen, was vereinbart und abgearbeitet/umgesetzt wurde. Die besprochenen möglichen Zielvereinbarungen, Maßnahmen, Verhaltensweisen und Aktionen stellen für die Arbeit des Mitarbeiters und des Vorgesetzten Leitlinien dar. Bereits im laufenden Jahr – unterjährig nach wenigen Monaten – können Fortschritte besprochen und gemeinsam diskutiert werden.

- **Individuelle Auswertung (Eigenfeedback)**

Reflektieren Sie alleine – ob als Mitarbeiter oder Vorgesetzter – kurze Zeit nach dem Gespräch auch unter Hinzuziehung des Gesprächsprotokolls, inwieweit Sie mit dem Ablauf und den Ergebnissen des Gespräches zufrieden sind, wo Sie Möglichkeiten zur Verbesserung sehen. Stellen Sie dabei für sich folgendes fest:

- Vergleich des tatsächlichen Gesprächsverlaufes mit dem geplanten
- Welche meiner Argumente waren für den Gesprächspartner überzeugend?
- Welche Argumente des Gesprächspartners haben mich überzeugt und warum?
- Wie war die Gesprächsatmosphäre?
- Gab es Konflikte im Gespräch und wie hätten diese vermieden werden können?
- Was habe ich mich nicht getraut zu sagen und warum?

Halten wir es mit Konrad Lorenz, österreichischer Verhaltensforscher und Nobelpreisträger, der sagte:

> „Gedacht heißt nicht immer gesagt,
> gesagt heißt nicht immer richtig gehört,
> gehört heißt nicht immer richtig verstanden,
> verstanden heißt nicht immer einverstanden,
> einverstanden heißt nicht immer angewendet,
> angewendet heißt noch lange nicht beibehalten."

4.5.4 Feedback geben und nehmen

Das Mitarbeitergespräch ist in wesentlichen Teilen ein Feedbackgespräch. Der Begriff „Feedback", der seinen Ursprung in der Kybernetik hat (Steuerung eines technischen Systems durch Rückmeldung der Ergebnisse), bezeichnet insbesondere eine Rückmeldung oder eine Beurteilung durch eine andere Person, in unserem Falle durch den Vorgesetzten. Das Feedback ergänzt damit die Selbstwahrnehmung oder die Selbsteinschätzung durch den Mitarbeiter durch eine möglichst objektive Fremdeinschätzung oder Außenwahrnehmung durch den Vorgesetzten. Feedback ist also einerseits eine Rückmeldung andererseits eine Gesprächsform zwischen Personen, die sich darüber austauschen, wie sie den anderen, z. B. den Mitarbeiter oder auch den Vorgesetzten, hinsichtlich Verhalten oder Leistungserbringung wahrnehmen. Feedback kann inhaltlich auf der Sachebene (Tätigkeitsverrichtung) und auch der Personenebene (Verhalten) geschehen. Somit besteht eine Rückmeldung immer aus zwei Komponenten, dem Feedback geben und dem Feedback nehmen. Der Vorgesetzte, der seinem Mitarbeiter Feedback gibt, kann diesem mitteilen, wie z. B. sein Verhalten wirkt, wie seine Leistung am Arbeitsplatz eingeschätzt wird oder welche Potenziale erkannt werden. Feedback oder Rückmeldungen gehören zu den Grundfesten zwischenmenschlicher Kommunikation, sei es am Arbeitsplatz oder aber in der Familie bzw. im Freundeskreis. Sie dienen einerseits dazu, Missverständnisse anzusprechen und zu klären, andererseits auch, um Ansprüche und Erwartungen an den Gegenüber zu formulieren.

Kurzum: Das Feedback oder die Rückmeldung trägt zur Stärkung des gegenseitigen Verständnisses bei und ist dabei behilflich, Vertrauen aufzubauen und besser sowie konstruktiver zusammenzuarbeiten. Feedback ist weder eine Deutung, noch eine Interpretation oder gar Provokation oder ein Vorwurf. Erst durch das Hören, das Sehen oder Erleben des Mitarbeiters entwickelt diese Kommunikationsform ihre Stärke als „Spiegel für den Mitarbeiter". Durchgeführte empirische Untersuchungen zur Arbeitszufriedenheit zeigen sehr häufig, dass sich Mitarbeiter mehr Rückmeldungen insbesondere über ihre Leistungen wünschen. Dabei wünschen sie sich nicht nur Anerkennung und Wertschätzung ihrer Leistungen, sondern ebenso ehrliche und konstruktive Kritik bezogen auf ihre Schwächen und Defizite. Das Feedback in dieser Form bietet eine Chance zur Veränderung.

In umgekehrter Richtung ist Feedback auch für den Vorgesetzten wichtig, insbesondere um zu erfahren, wie sein Führungsverhalten bei den Mitarbeitern ankommt, welche Führungsinstrumente gewünscht sind und was es zu verändern gilt. Für die Einschätzung, wie wir auf andere wirken, ist nicht nur wichtig, zu wissen, wie wir uns selbst sehen (Selbstbild), sondern insbesondere wie die anderen uns wahrnehmen (Fremdbild).

Somit ermöglicht uns das Feedback im Mitarbeitergespräch sich selbst und seine Wirkung auf die Mitarbeiter besser kennenzulernen, ferner die Diskrepanz zwischen Selbst- und Fremdwahrnehmung zu verringern. Darüber hinaus bietet uns die Rückmeldung die Chance, Beziehungen zu klären, Verhaltensänderungen zu bewirken, positive Verhaltensweisen zu stärken und negative zu korrigieren sowie eine Atmosphäre gegenseitigen Vertrauens zu schaffen.

Feedback bedeutet aber auch, dass nicht nur das gesprochene Wort, sondern auch die Gestik und Mimik als Rückmeldung eingeordnet werden kann (nonverbale Kommunikation). Wie sagte schon der amerikanische Unternehmensberater Peter F. Drucker: **„Das wichtigste in einem Gespräch ist zu hören, was nicht gesagt wurde."**

Meist fällt es uns sehr schwer, dem Gegenüber im Gespräch seine Wahrnehmungen mitzuteilen. Im Mitarbeitergespräch liegt dies häufig auch an bestimmten Normen, die uns prägen (z. B. Höflichkeit, Niemanden verletzen), an einer gewissen Unsicherheit in Sachen richtiges Vorgehen, an möglichen Reaktionen des Feedbackempfängers (z. B. Niedergeschlagenheit, Unterstellungen, verbale Angriffe) und natürlich bei der Rückmeldung an den Vorgesetzten in der Angst, bestraft, zukünftig ignoriert und in Vergessenheit zu geraten. Dass gerade wir es in Deutschland nicht gelernt haben, mit Kritik umzugehen und auch Kritik zu artikulieren, beschreibt der japanische Unternehmensberater Minoru Tominaga schon seit mehr an 20 Jahren, denn die bewusste Auseinandersetzung mit kritischen

Denkanstößen kann sich auch positiv für das eigene weitere Verhalten auswirken.

Im Mitarbeitergespräch Feedback zu geben oder zu nehmen ist nicht einfach und will gelernt sein. Zum Führen von Mitarbeitergesprächen sollten im Unternehmen seminaristische Angebote sowohl für Führungskräfte als auch für Mitarbeiter vorliegen. Eine gewisse Übung auch im Umgang mit Einwänden ist unbedingt erforderlich. Ferner sind Tipps und Regeln für die Mitarbeiter und die Führungskräfte im Vorfeld festzulegen und zu kommunizieren wie z. B.

- **Regeln für Feedbackgeber**

    - Positive und negative Gefühle und Wahrnehmungen gleichermaßen artikulieren. Dabei sollte Feedback aufbauend sein, nicht nur negativ;
    - Verhalten des Mitarbeiters beschreiben, nicht interpretieren oder vermuten;
    - möglichst konkret bleiben, Verallgemeinerungen vermeiden;
    - offenes und ehrliches Gespräch, das, was gesagt wird, sollte zutreffen;
    - Feedback kommt dann an, wenn es sich der andere auch wünscht (fragen);
    - Feedbacknehmer darf „sein Gesicht nicht verlieren";
    - auch Verbesserungs-/Änderungsvorschläge nennen.

- **Regeln für den Feedbacknehmer**

    - Zuhören ist gefragt, bevor Sie reagieren, sich rechtfertigen oder verteidigen;
    - durch Nachfragen überprüfen, ob alles richtig verstanden wurde;
    - sollten nach Ihrer Meinung Missverständnisse vorliegen, stellen Sie diese richtig;
    - teilen Sie ruhig auch mit, womit Sie nicht einverstanden waren;
    - achten Sie darauf, dass alle Punkte abgearbeitet wurden.

Schlechtes Feedback ist z. B. an folgenden Kriterien ersichtlich:

- Feedback ist verletzend formuliert und macht den anderen klein;
- Feedback greift den anderen persönlich an;
- Feedback verurteilt, anstatt zu beurteilen;
- Feedback ohne Empathie für den Moment oder aktuelle Gefühle;
- Feedback verfolgt eigene Interessen, nicht die des anderen.

Denken Sie als Feedbackgeber immer daran, was Sie damit alles auf Dauer negativ bewirken können, von der Resignation, über „Dienst nach Vorschrift" bis hin zur Förderung bestimmter Krankheitsbilder.

Neben dem Feedback im Rahmen eines strukturierten Mitarbeitergespräches 1–2mal jährlich und dem Vorgesetztenfeedback, kennen wir noch das regelmäßige **Arbeitsfeedback** (Feedback einem Kollegen nach gemeinsam durchgeführter Arbeit, z. B. Auftragsabwicklung für einen Kunden), das abteilungsbezogene **Gruppenfeedback** (Rückmeldung der Mitarbeiter an den Vorgesetzten zu Führung und Zusammenarbeit), das **360 Grad-Feedback** (Einschätzung der Kompetenz und der Leistungen eines Mitarbeiters aus unterschiedlichen Perspektiven wie Mitarbeiter und Führungskräfte anderer Abteilungen, Teammitglieder, Projektmitglieder oder Kunden) und das **Kollegenfeedback** (situativ gelebtes Feedback an einen Kollegen ohne Vorliegen eines besonderen Ereignisses).

Feedbacks generell und die Rückmeldung im Mitarbeitergespräch stützen und fördern positive Verhaltensweisen, da diese erkannt und auch anerkannt werden. An negativem Verhalten kann gearbeitet werden, Verhaltensweisen lassen sich korrigieren. Feedback im Mitarbeitergespräch klärt die Beziehungen zwischen dem Vorgesetzten und dem Mitarbeiter und trägt somit zum besseren, gegenseitigen Verständnis bei und zu einem offeneren Umgang miteinander. Feedback unterstützt die Weiterentwicklung der Kompetenzen und der Persönlichkeitsentwicklung von Feedbackgeber und -nehmer. Wichtig ist die Beachtung der Feedbackregeln, dann schafft es auch Vertrauen und Sicherheit im wechselseitigen Umgang miteinander und ist Voraussetzung für ein ausgeglichenes emotionales Gefüge in den beidseitigen Beziehungen. Natürlich muss der Beteiligte nicht warten, bis ihm jemand Feedback gibt. Ich kann es als Mitarbeiter auch von meinem Vorgesetzten wünschen, indem ich auf ihn zugehe und um Feedback bitte. Ein Mitarbeitergespräch kann auch in kürzeren Zeitintervallen durchgeführt werden. Feedback geben ist eine ganz wichtige Führungsfunktion und ein wichtiges Führungsinstrument, das auch zukünftig zur Klaviatur der Mitarbeiterführung gehören muss. Die Aufforderung des „Feedbackgebens" wird in sehr vielen Führungsgrundsätzen und Leitbildern von Unternehmen genannt.

> **„Das Einzige, was die Menschheit zu retten vermag, ist Zusammenarbeit, und der Weg zur Zusammenarbeit nimmt im Herzen der Einzelnen seinen Anfang."**
> (B. Russell, britischer Philosoph)

4.5.5 Abschließende Anregungen und Anmerkungen

Mitarbeitergespräche sind für Unternehmen jeglicher Größenordnung unverzichtbar. Idealerweise schaffen sie Vertrauen, sorgen für eine erfolgreiche Zusammenarbeit und erhöhen die Arbeitszufriedenheit.

Für die Durchführung von Mitarbeitergesprächen als Beratungs- und Fördergespräche gibt es kein Patentrezept, nur gewisse formalisierte und schematische Anregungen resultierend aus der Literatur und Praxiserfahrungen. Das Gespräch ist ein Führungs- und Entwicklungsinstrument, das dem Vorgesetzten und dem Mitarbeiter die Möglichkeit bietet, noch näher zusammenzurücken („Wir-Gefühl") und eine Leistungspartnerschaft zu festigen und auszubauen. Ferner ist das Mitarbeitergespräch ein Instrument, um Vorgesetzte auch verstärkt in die Personalentwicklungsfunktion für ihre Mitarbeiter einzubeziehen sowie Mitarbeiterfeedback über das eigene Führungsverhalten zu erfahren, denn diese Rückmeldung bietet eine Chance zur Veränderung.

Der Erfolg eines Mitarbeitergespräches ist nicht nur abhängig von der Art des Gespräches, der Qualität der Gesprächsführung, den Gesprächsregeln und deren Einhaltung sowie, bei der Einführung, von gewissen Implementierungsschritten, sondern auch von der Verflechtung dieses Gespräches mit anderen Führungs- und Personalmanagementinstrumenten und -maßnahmen sowie den Kompetenzen der Führungskraft. Erst durch diese Verknüpfung können die genannten Vorteile dieses Instrumentes ausgeschöpft werden. Mitarbeitergespräche gilt es überzeugend zu führen, indem man auch Toleranz und Empathie zeigt sowie das Gemeinsame betont. In diesem Sinne können Mitarbeitergespräche einen wichtigen Beitrag zu einer strategisch-zukunftsorientierten Ausrichtung der Führung und Steuerung des Unternehmens beitragen, denn gerade auch in Krisenzeiten und unter starkem Wettbewerbsdruck können Ergebnisse des Gespräches nutzbringende Ideenträger sein und Change Prozesse frühzeitig einleiten helfen.

Lutz von Rosenstiel, ein deutscher Professor für Organisationspsychologie, bringt es auf den Punkt:

„Wenn Kommunikation unterstützt wird durch elektronische Medien, dann ist das eine Hilfe. Wenn sie aber ersetzt wird durch elektronische Medien,

> dann liegt dort eine Gefahr, denn menschliche Kommunikation ist nicht nur Übermittlung von Sachaussagen, sondern sie transportiert zwischenmenschliche Bindung."

Die Aussage von Rosenstiel verdeutlicht nochmals die Wichtigkeit der Schaffung partnerschaftlichen Dialoges durch Gespräche und nicht nur auf inhaltlicher, sondern auch auf emotionaler Ebene. Das Führung von Mitarbeitergesprächen will gut vorbereitet und gelernt sein. Dabei bestimmt der Reifegrad der Mitarbeiter und der Führungskräfte die Gestaltung, die Offenheit im Gespräch und den Einsatz von Gesprächstechniken. Der Reifegrad selbst wird an der Bereitschaft und der Fähigkeit zur Gestaltung eines partnerschaftlichen Gespräches aller Beteiligten auf Augenhöhe gemessen.

Aufgrund des Wettbewerbsdrucks, der fortschreitenden technologischen Entwicklung z. B. im Bereich Digitalisierung und künstlichen Intelligenz (KI), vieler ausscheidender Mitarbeiter mit Erfahrungspotenzialen in den Ruhestand (demographische Entwicklung), dem Arbeitskräftemangel u. v. m., sind Unternehmen verstärkt auf ihre eigenen Mitarbeiter, auf deren Motivation, Identifikation und insbesondere auf deren Kompetenzen und Potenziale angewiesen. Daher zählt zu einer wichtigen Aufgabe des Unternehmens die Förderung und Entwicklung seiner Mitarbeiter. Das Beratungs- und Fördergespräch als wichtiger inhaltlich strukturierter und regelmäßig durchgeführter Gesprächstyp ist ein geeignetes Instrument der Personalentwicklung, um diesen Herausforderungen gerecht zu werden.

Eine uneingeschränkte Erfolgsgarantie des MAG als Führungsinstrument und Instrument der Personalentwicklung gibt es jedoch nicht. Wenn alle Mitarbeiter und Führungskräfte die Ziele und Vorteile dieses Instruments begreifen, sich damit identifizieren und konsequent sowie regelmäßig anwenden, wird sich der gewünschte Nutzen einstellen. Ein Mitarbeitergespräch muss allerdings gepflegt, mit allen Mitarbeitern kontinuierlich durchgeführt, verbessert und den neuesten Entwicklungen im Unternehmen angepasst werden. Dann kann es als strategisches Instrument des Unternehmens die Personalentwicklung sichern und Veränderungsprozesse einleiten und begleiten.

> **„Wenn ich nachdenke, was eigentlich die Grundlage der Führung sein muss, dann ist es die Fähigkeit zum Gespräch."**
> (Wolfgang R. Habbel, ehemaliger Vorstandsvorsitzender von Audi sowie der Volkswagen AG)

Gute Kommunikation und Information sind für die reibungsarme Zusammenarbeit zwischen Menschen in Organisationen und zwischen Organisationen besonders wichtig. Kommunikation findet ständig statt, so Paul Watzlawik, einer der bekanntesten Kommunikationswissenschaftler: **„Man kann nicht nicht kommunizieren."** Hier verweist er auf den so wichtigen Stellenwert der nonverbalen Kommunikation (Gestik, Mimik) im Gespräch, die es nicht zu unterschätzen gilt.

Verwendete und empfehlenswerte Literatur:

Bastian, J. u. a.: Feedbackmethoden, Freiburg 2016
Betz, J.: Feedback, Berlin 2015
Fengler, J.: Feedback geben, Weinheim 2017
Fersch, J. M.: Erfolgsorientierte Gesprächsführung, Wiesbaden 2005
Flume, P.: Die Kunst der Kommunikation, Freiburg 2017
Grabisch, J.: Die Besten im Gespräch, Köln 2014
Hofbauer, H./Winkler, B.: Das Mitarbeitergespräch als Führungsinstrument, München 2010
Kanitz, A. von: Feedbackgespräche, Freiburg 2015
Koeder, T.: Einführung eines Mitarbeitergespräches – Ziele, Nutzen und Implementierungsschritte, in: Update 12/2011, S. 41–47
Kuhn-Fleuchaus, C.: Das Mitarbeitergespräch – Verbesserung der Kommunikation im Unternehmen, Saarbrücken 2007
Kunz, G.: Das strukturierte Mitarbeitergespräch, München 2004
Kunz, G.: Mitarbeitergespräche, Köln 2009
Märtin, D.: Smart Talk, Frankfurt 2006
Mentzel, W. u. a.: Mitarbeitergespräche, Freiburg 2010
Nagel, R. u. a.: Das Mitarbeitergespräch als Führungsinstrument, Stuttgart 2005
Neuberger, O.: Das Mitarbeitergespräch, Leonberg 2004
Oestereich, B./Schröder, C.: Das kollegial geführte Unternehmen, München 2017
Schneider, T./Weber, M.: Das Mitarbeitergespräch, Wartenberg 2004
Tominaga, M.: Die kundenfeindliche Gesellschaft, Düsseldorf 1996

Ulbricht, S./Jöst-Adam, E.: Führen durch Ziele als Managementinstrument, Mitarbeitergespräche, in: Personalführung, Heft 10/2004, S. 56–64

Wunderer, R.: Führung und Zusammenarbeit, München 2010

4.6 Führungsgrundsatz „Vertrauen"

4.6.1 Ganz im Vertrauen ...

Wie hat schon der Soziologe Niclas Luhmann formuliert: „**Wer Vertrauen erweist, nimmt Zukunft vorweg.**" Eine Anmerkung, die nicht nur Führungskräfte von Unternehmen, sondern insbesondere auch Politiker viel mehr verinnerlichen sollten. Schwindet unser Vertrauen? Vertrauen Mitarbeiter zu wenig ihren Vorgesetzten und umgekehrt?

Was steckt nun hinter dem Begriff „Vertrauen"? Vertrauen kann als individueller Glaube an die positive Entwicklung von Ereignissen, meist im zwischenmenschlichen Bereich, definiert werden, gebunden an eigene Wertvorstellungen und Erfahrungen. Vertrauen ist aber auch mehr als Glaube oder Hoffnung, es benötigt immer eine Grundlage (Vertrauensgrundlage). Dies können einerseits gemachte Erfahrungen im Lebens- und Berufsalltag sein, andererseits auch das Vertrauen in eine Person, der man selbst traut. Jeder Mensch hat sich in seinem Leben eine bestimmte Grundeinstellung hinsichtlich anderer Menschen angeeignet. Diese Grundeinstellung entwickeln wir aufgrund gemacher Erfahrungen in der Kindheit. Kleine Kinder haben ein absolutes Vertrauen in ihre ihnen nahestehenden Personen wie Eltern, Geschwister, Großeltern, bis sie erfahren, dass sie enttäuscht werden können. In solchen Situationen lernen schon Kinder geringes Vertrauen in die eigenen Fähigkeiten, in andere Menschen oder in das Leben zu entwickeln.

Heute gibt es viele Belege dafür, dass dem, der anderen vertraut, auch Vertrauen entgegengebracht wird oder umgekehrt. Ein Vorgesetzter, der seinen Mitarbeitern misstraut, wird in der Regel auch häufiger enttäuscht und sieht sich somit darin bestätigt, dass sein Misstrauen berechtigt war. In der Psychologie wird dies „selbsterfüllende Prophezeiung" genannt. Selbsterfüllende Prophezeiungen sind Vorhersagen über ein zukünftiges Verhalten oder Ereignis, die die Interaktionen auf der Verhaltensebene so verändern, dass sie das Erwartete produzieren.

Angenommen, eine Führungskraft geht zu einer Betriebsfeier und rechnet damit, Spaß zu haben. Angenommen eine zweite Führungskraft geht auch dort hin und rechnet damit, dass die Feier langweilig wird. Stellen wir uns jetzt die Verhaltensweisen von beiden Führungskräften aufgrund der unterschiedlichen Erwartungen vor. Die voneinander abweichenden Verhaltensweisen werden das Verhalten beeinflussen, dass andere Besucher und Mitarbeiter beiden gegenüber zeigen. Begegnet eine Führungskraft seinen Mitarbeitern kühl, reserviert und zurückhaltend oder freudestrahlend, gut gelaunt und lachend, werden die Mitarbeiter ähnlich reagieren.

Dies bedeutet: Unsere Erwartungen beeinflussen unser Verhalten (auch wenn uns dies nicht bewusst sein mag), andere Menschen reagieren darauf entsprechend. Die eigenen Umgangsformen und das Führungsverhalten rufen in unseren Mitarbeitern genau die Verhaltensweisen hervor, die unseren Erwartungen entsprechen. Es erfüllt sich das, was wir erwarten.

Halten Sie es mit Otto von Bismarck, einem ehemaligen deutschen Staatsmann und Politiker, der sich in Sachen „Vertrauen" wie folgt äußert:

> „Vertrauen ist eine zarte Pflanze. Ist es zerstört,
> kommt es so bald nicht wieder."

4.6.2 Vertrauen ist gut, Kontrolle ist besser?

Wenn wir diesem Grundsatz folgen, heißt dies, dass kontrollierendes Verhalten bessere Ergebnisse erzielt. Obwohl diese Haltung im Führungsalltag auf geringe Resonanz stößt, ist es interessant zu sehen, wie dieser Spruch von W. I. Lenin im Volksmund nachhaltig ankommt. Nach der „Russischen Akademie für Sprache und Dichtung" ist dieser Ausspruch auf ein anderes Sprichwort von **Lenin** zurückzuführen, das da lautet: „**Vertraue, aber kontrolliere auch.**" Wie auch immer, Vertrauen und Kontrolle ergänzen sich gegenseitig. Überall im Unternehmen, wo Aufgaben und Verantwortung delegiert werden, ist auch ein Mindestmaß an Kontrolle erforderlich. Die Frage ist, wie diese Kontrollfunktion ausgeübt wird. Denn die Verantwortung bleibt auch bei delegierten Aufgaben beim Vorgesetzten. Umfang und Intensität der Kontrolle sollten sich an der Mitarbeiterkompetenz für die jeweilige Aufgabe sowie der Sorgfalt und Integrität des Mitarbeiters und der Bedeutung der jeweiligen Tätigkeit für das Unternehmen orientieren. Differenzierte Kontrolle heißt, jeweils Kontrolle orientiert am Mitarbeiter, seinen Fähigkeiten und Kompetenzen, seinem Verhalten und der persönlichen Einschätzung. Weder ist Vertrauen ohne Kontrolle möglich, noch Kontrolle ohne Vertrauen. Es kommt auf das Maß an. Für Reinhard K. Sprenger ist Kontrolle die Bedingung für Vertrauen, die Basis, auf der sich Vertrauen aufbauen kann. Kontrolle ist für ihn die Voraussetzung dafür, dass Vertrauen auch funktioniert. Dabei ist Vertrauen nichts Feststehendes, unabhängig von einer Situation. Vertrauen ist ein Relationsbegriff, der ein Mehr oder Weniger beschreibt.

Reinhard K. Sprenger, ein bekannter deutscher Autor von Managementliteratur, meint hierzu ganz konkret: **"Vertrauen: Es dauert lange, bis es aufgebaut ist. Und es ist schnell zerstört."**

Der Begriff "Kontrolle" erfreut sich im Berufsalltag keiner großen Beliebtheit. Sie wird häufig als lästig erlebt. Kontrolle ist unsympathisch, daher wird sie heute häufig ersetzt durch Begriffe wie z. B. "Feedback, Benchmarking, Review". Kontrolle ist dabei ein "Auf-dem-Laufenden-Halten" oder ein "Informieren-Wollen". Vertrauen ohne Kontrolle wird meist als verantwortungslos und oftmals respektlos betitelt. Blindes Vertrauen kann leicht missbraucht werden. Mitarbeiter dürfen doch zumindest erwarten, dass ihre Arbeit gesehen und beobachtet (kontrolliert) wird, denn dadurch entsteht Wertschätzung für die Arbeit des anderen. Umgekehrt "Kontrolle ohne Vertrauen" wird u. a. gesteuert durch Ängste und Misstrauen. Auf Mitarbeiter wirkt diese Verhaltensweise oft demotivierend und beschämend.

Wird Kontrolle mit der Haltung der Wertschätzung und einem Vertrauen auch in die Zukunft des Mitarbeiters und des Unternehmens gelegt, entsteht eine Win-Win-Situation für Mitarbeiter und Vorgesetzte. Motivation, Identität und Selbstwertgefühl werden gefestigt, die Freude nicht nur am Arbeiten, sondern auch am Leben wachsen. Die Work-Life-Balance wird ausgeglichener. Somit wird auch der Sinn des Lebens im Arbeitskontext immer wieder neu erfahrbar.

Und dann tritt dies ein, was Matthias Claudius, ein deutscher Dichter und Lyriker des 18. Jh., mit nachfolgender Aussage bekräftigt:

„Die größte Ehre, die man einem Menschen antun kann, ist die, dass man zu ihm Vertrauen hat."

4.6.3 Vertrauen gewinnen und zerstören

Es liegen sehr wenige Untersuchungen zum Thema „Vertrauen" im unternehmerischen Kontext mit Mitarbeitern vor. Vor einigen Jahren führte die Akademie für Führungskräfte eine empirische Untersuchung mit Führungskräften der unterschiedlichsten Hierarchieebenen und Branchen zum Thema „Erfahrungen, Einstellungen und Umgang mit dem Faktor Vertrauen im täglichen Arbeitsleben" durch, deren Ergebnisse auch heute noch zutreffend sind.

Nach dieser Studie beschreibt Vertrauen die Qualität einer Beziehung. Vertrauen im betrieblichen Zusammenhang wird als Qualität der Beziehungen zwischen Führungskräften und Mitarbeitern verstanden. Vertrauen ist die Überzeugung, dass das

Handeln des anderen aufrichtig, gewissenhaft, mit guten Absichten und so effizient wie möglich erfolgt.

Neben einer Vielzahl von Einzelergebnissen dieser Studie zeigt sich, dass Vertrauen am Arbeitsplatz kein Naturgesetz darstellt. Vertrauen kann nicht auf Knopfdruck abgerufen werden, es entsteht in einem langfristigen Prozess des Zusammenarbeitens. Vertrauen muss im Zeitablauf wachsen, Vertrauen muss man sich verdienen. Ferner ergibt sich, dass der Mangel an Vertrauen sehr häufig ein Mangel an Selbstvertrauen ist. Jeder zweite Befragte ist davon überzeugt, dass Führungskräfte es nicht gelernt haben, zu vertrauen. Dies liegt häufig auch an Erfahrungen aus der Sozialisationsphase des Menschen. Laut Untersuchung geben die Befragten noch folgende Faktoren an, die den Aufbau eines Vertrauenssystems zu Mitarbeitern beeinflussen: Kommunikationsstörungen, zu wenig Informationen, Machtverluste, Abhängigkeit und Vertrauensmissbrauch. Die meisten der Führungskräfte sehen den Faktor „eigene Unsicherheit" als besonders wichtigen Faktor an und richten somit den Blick auf die eigene Person.

Aber, so Albert Einstein, einer der bedeutendsten deutschen Physiker, sagte hierzu:

„Vertrauen ist für alle Unternehmen das große Betriebskapital, ohne welches kein nützliches Werk auskommen kann."

Was sind nun vertrauensbildende und -schaffende Maßnahmen, über die Führungskräfte im Unternehmen Vertrauen gewinnen können? Dabei zeigt sich folgende Rangfolge der vertrauensbildenden Aktivitäten:

1. Ehrlichkeit
2. Halten von Versprechen
3. Verschwiegenheit
4. Direkte Kommunikation mit dem Mitarbeiter und die Art der Kommunikation (auch die Lautstärke) und die Information
5. Eingestehen von Fehlern
6. Zuhören können
7. Sich für eigene Überzeugungen einsetzen
8. Mut zu unpopulären Entscheidungen, über den „eigenen Schatten" springen
9. Berechenbar sein
10. Intelligenz
11. Einfühlungsvermögen (Empathie)

„Ehrlichkeit" steht dabei als wichtigste Eigenschaft der Vertrauensbildung einer Führungskraft auf Rangplatz eins, knapp vor „Versprechen halten". Interessant sind hierbei die vertrauensbildenden Faktoren wie „selbst Fehler eingestehen können" sowie „zuhören können.

Wie lässt sich Vertrauensbildung zerstören? Dabei wurden folgende Eigenschaften und Verhaltensweisen genannt (Rangfolge):

1. Weitergabe vertraulicher Informationen
2. Abwertende Äußerungen über Mitarbeiter
3. Verkündung unterschiedlicher Botschaften an die verschiedenen Mitarbeiter
4. Mitteilung unterschiedlicher Botschaften an alle
5. Kompetenz der Mitarbeiter in Frage stellen
6. Fehlendes Interesse an der Arbeit und den Leistungen der Mitarbeiter
7. Einsatz von Informationen als Belohnung oder zur Manipulation/Bestrafung
8. Wichtige Informationen werden zurückgehalten
9. Mitarbeitermotivation wird in Frage gestellt
10. Zu wenig Lob, fehlende Anerkennung, mangelhafte Kontakte zu den Mitarbeitern
11. Wenn Lob, dann unsachgemäß und übertrieben
12. Arbeitsanforderungen ohne Detailinformationen (Stellenbeschreibung)
13. Häufige Kontrolle von Arbeitsprozessen und Mitarbeitern

Rangplatz 1 vertrauenszerstörenden Verhaltens durch die Führungskraft nimmt die „Weitergabe vertraulicher Informationen" ein, gefolgt von „abwertenden Aussagen über Mitarbeiter anderen gegenüber". „Häufige Kontrolle von Arbeitsprozessen und Mitarbeitern" steht auf Rangplatz 13 der angeführten Nennungen, in Anlehnung an den Leitsatz „Kontrolle ist gut, Vertrauen ist besser".

Was sind nun die direktesten Wege zur Vertrauensgewinnung der Mitarbeiter, was sind vertrauensbildende Maßnahmen im

Unternehmen? Für die meisten Führungskräfte ist das Mitarbeitergespräch, das persönliche Gespräch, das wichtigste Instrument zum Aufbau einer Vertrauenskultur. Ferner das Arbeiten mit und die Festlegung von Zielvereinbarungen, ebenso die Definition eines Unternehmensleitbildes, das Wertvorstellungen und Spielregeln für das Zusammenleben im Unternehmen festschreibt, die auch gelebt werden. Diese Faktoren müssen sich ferner in den Führungsgrundsätzen des Unternehmens niederschlagen. Leider arbeiten noch zu wenige Unternehmen mit Leitbildern und Führungsgrundsätzen.

Personalentwicklung in Form von Weiterbildung und Mitarbeiterförderung zählen ebenfalls zu einer wichtigen vertrauensbildenden Maßnahme, ferner das Mitarbeiterfeedback für und durch die Vorgesetzten. Ebenso genannt wurden die Mitarbeiterinformation über Mitarbeiterzeitung, Intranet, Unternehmens-App u.v.m. und diese zeitnah, korrekt und verlässlich. Die Geselligkeit im Unternehmen in Form von Betriebsfeiern fördert ebenfalls die Vertrauensbildung.

Arbeiten Sie als Führungskraft an Ihrer Vertrauenskultur, denken Sie an Ovid, einen römischen Dichter, der schon vor über 2.000 Jahren hierzu anmerkte:

„Vertrauen stellt sich bei Fragen großer Bedeutung nur langsam ein."

Vertrauen muss man gewinnen, es muss im Zeitablauf wachsen und verträgt keine „Schnellschüsse".

4.6.4 Resümee und Handlungsmaximen

Vertrauen ist die Grundlage jeder funktionierenden Form von Führung. Vertrauen bedingt in starkem Maße Motivation und Betriebsklima. Motivation kann erst dann wirken, wenn Vertrauen gegeben ist. Vertrauen und auch dessen Gegenteil, Misstrauen, sind keine emotionalen Phänomene, auch wenn mit beiden Verhaltensweisen gewisse Gefühlslagen verbunden sind. Vertrauen beruht aber nicht auf bestimmten Gefühlslagen. Vertrauen entsteht durch konsistentes Verhalten, Verlässlichkeit und charakterliche Integrität. Gerade letzteres spricht ein wichtiges Führungsprinzip an: **"Meinen, was man sagt, und auch entsprechend handeln, sowie halten, was man verspricht."**

Was sind nun vertrauensbildende Verhaltensweisen aus der Sicht des Vorgesetzten? Vertrauen wird bestimmt nicht aufgebaut, indem mit dem Mitarbeiter über Vertrauen gesprochen wird, sondern indem man um Vertrauen wirbt. Konsistentes Verhalten wird nicht dazu beitragen, Vertrauen zu schaffen, aber bereits gewonnenes Vertrauen zu erhalten. Eigene Fehler einzugestehen, echt bzw. authentisch zu sein, meinen, was man sagt und so handeln, Versprechen halten, Vertrauensbildung starten, Vertrauen schenken, **"Vor seinen Mitarbeitern stehen"**, wenn es Probleme oder Druck von oben gibt, Wahrhaftigkeit u. v. m. sind Verhaltensweisen, die den Vertrauensprozess in Gang setzen und zum Aufbau einer Vertrauenskultur beitragen. Vertrauen ist spürbar, sobald es da ist. Es stellt sich dann ein, wenn die Führungskraft offen und fair ist und Wort hält. Vertrauen ergibt sich ferner aus dem Grundsatz: Anerkennung, wem Anerkennung gebührt. Prof. Martin Hartmann, ein deutscher Philosoph, sagt hierzu:

„Vertrauen verwirklicht sich im Handeln."

Die Qualität der Vertrauenskultur kann im harten nationalen und internationalen Wettbewerb, im Zeitalter der Digitalisierung und der künstlichen Intelligenz oder auch im derzeitigen Wirtschaftsleben ein entscheidendes Erfolgskriterium sind. Gespräche mit zahlreichen Führungskräften zeigen, dass man sich Vertrauen verdienen muss. Offen bleibt aber, wer sich dieses Vertrauen verdienen muss, der Vorgesetzte oder der Mitarbeiter. Fest steht, um Vertrauen aufzubauen, brauchen wir Zeit und Führungskräfte haben oftmals nicht viel Zeit und somit nicht gelernt, zu vertrauen. Ferner bedingen kennzahlenorientierte Führungssysteme meist mehr Kontrolle als Vertrauen und hinzu kommt noch die eigene Unsicherheit.

Für Fredmund Malik, einem österreichischen Wirtschaftswissenschaftler mit dem Forschungsschwerpunkt Managementlehre, ist gegenseitiges Vertrauen ein Grundsatz wirksamer Führung. Sein Credo in Sachen „Vertrauen schaffen" liegt in folgenden Punkten:

+ niemals das Verliererspiel spielen (Fehler eingestehen),
+ wer Vertrauen schaffen will, muss zuhören,
+ wer an Vertrauen interessiert ist, muss echt sein und wirken,

+ wer Vertrauen schaffen will, muss charakterlich integer sein,
+ wer Vertrauen schaffen will, muss sich von Intriganten trennen.

Gute Vorgesetzte gehen fair mit ihren Mitarbeitern um. Sie „klauen" nicht die Ideen und Vorschläge ihrer Leute und geben diese als ihre eigenen aus. Sie buckeln nicht nach oben, und treten nicht nach unten. Fortschrittliche Vorgesetzte haben begriffen, dass ihr eigener Erfolg sich an dem ihres Teams misst und der Teamerfolg Anerkennung bringt. Für Misserfolge übernehmen Vorgesetzte selbst die Verantwortung und im Erfolgsfall wird auch großzügig Lob und Wertschätzung an die Mitarbeiter verteilt. All diese Faktoren schaffen die Basis des Vertrauens in Organisationen.

Halten wir es zum Abschluss dieses Kapitels mit dem römischen Philosophen Lucius Annaeus Seneca, der treffend hierzu formuliert:

„Mangelndes Vertrauen ist nichts als das Ergebnis von Schwierigkeiten. Schwierigkeiten haben ihren Ursprung in mangelndem Vertrauen."

Das Führungsprinzip „Vertrauen" wird in den Internetauftritten zahlreicher Unternehmen als ein Kernpunkt des Leitbildes und des Umgangs miteinander, aufgeführt. So bei der **Fa. Boehringer Ingelheim**, dort heißt es im Unternehmensbericht: „Wir sind stark durch unsere Mitarbeiter: Wir begegnen uns mit Respekt, Vertrauen und Empathie, und wir wachsen gemeinsam." Auch beim **ZDF Mainz** heißt es sehr treffend in den Leitlinien: „Gegenseitiges Vertrauen ist die Basis für eine gute Zusammenarbeit. Eine erfolgsorientierte Zusammenarbeit im Unternehmen basiert auf gegenseitigem Vertrauen. Nur wer Vertrauen schenkt, schafft Vertrauen." Ferner ist das gegenseitige Vertrauen für das ZDF Grundlage für Loyalität und Verantwortungsbereitschaft. Es basiert auf Respekt, Verlässlichkeit, Ehrlichkeit, Fairness und Glaubwürdigkeit. Auch bei der **Fraport AG Frankfurt**, wird das Leitbild, abgebildet im Internet, durch die Werte Kompetenz, Zuverlässigkeit, Offenheit, Mut, Einsatz und Vertrauen definiert. Ferner formuliert die Corporate Governance (Grundsätze der Unternehmensführung) des Automobilkonzerns **BMW in München**. „Die Unternehmenskultur der BMW-Group ist bestimmt vom Vertrauen in die Arbeit des anderen, von Eigenverantwortlichkeit und Transparenz." Auch das Unternehmen **BASF** in Ludwigshafen schreibt: Wir fördern Feedback, das auf Ehrlichkeit, Respekt und gegenseitigem Vertrauen basiert" und die **Fa. Bosch in Stuttgart** legt als 7. Führungsgrundsatz fest: Schenken Sie Vertrauen.

Wie definiert dies Henri L. Mencken, ein amerikanischer Schriftsteller sehr deutlich:

> **„Vertrauen ist das Gefühl, einem Menschen sogar dann glauben zu können, wenn man weiß, dass man an seiner Stelle lügen würde."**

Verwendete und empfehlenswerte Literatur:

Frevert, U. (Hg.): Vertrauen, Göttingen 2003

Hartmann, M.: Die Praxis des Vertrauens, Berlin 2011

Kassebaum, U. B.: Interpersonelles Vertrauen, Hamburg 2004

Luhmann, N.: Vertrauen. Ein Mechanismus der Reduktion sozialer Kompetenz, Stuttgart 2000

Malik, F.: Gefährliche Managementwörter, Frankfurt 2007

Pinnow, D. F.: Akademiestudie: Auf gut Glück oder alles unter Kontrolle: Wie vertrauen deutsche Manager? Überlingen 2006

Schwer, M. (Hg.): Interpersonales Vertrauen – Theorien und empirische Befunde, Opladen 1997

Sonntag, K. H. (Hg.): Vertrauen, Heidelberg 2011

Sprenger, R. K.: Vertrauen führt – Worauf es im Unternehmen wirklich ankommt, Frankfurt 2007

4.7 Die Kunst des „Zuhörens"

4.7.1 Hören und Zuhören

Seit einigen Jahren beschäftigen sich Kommunikationswissenschaftler wieder intensiver mit dem Thema „Hören" in unserer Gesellschaft. So wird das „Zuhören" dem Bereich der Schlüsselqualifikationen in Beruf und Alltag zugerechnet. Dabei belegen zahlreiche Studien, dass der Mensch mit dem Ohr dreimal mehr Informationen aufnimmt als durch das gelesene Wort. Leider findet aktives Zuhören im Alltag, z. B. in der Partnerschaft, oft nicht statt bzw. fristet ein Schattendasein. Die Sätze wie „Du hörst mir ja gar nicht zu" oder „Ich rede heute wieder gegen eine Wand" dokumentieren den Frustcharakter, wenn wir uns nicht ernstgenommen oder unverstanden fühlen.

Hören ist nicht gleich hören. Meist finden wir die Unterscheidung zwischen „Hören", „Hinhören" und „Zuhören". Dabei signalisiert „Zuhören" Aktivität als eine Grundvoraussetzung der Kommunikation, um das Anliegen des Gesprächspartners richtig zu verstehen und eine Vertrauensebene aufzubauen.

Eine der wichtigsten Informationsquellen im Unternehmen resultiert aus dem „Zuhören". Aktives Zuhören ist die genaue Wahrnehmung dessen, was kommuniziert wird. Durch aufmerksames Zuhören entsteht Gemeinsamkeit. Erst Zuhören gewährleistet einen Dialog mit anderen. Wie sagte schon der Schweitzer Dichter Gottfried Keller:

„Mehr zu hören, als zu reden – solches lehrt uns die Natur:
Sie versah uns mit zwei Ohren, doch nur mit einer Zunge."

Mit dem Zuhören ist aber nicht der physikalische Vorgang des Empfangens von Schallwellen gemeint, sondern das verstehende Zuhören, das Grundlage für die danach folgende eigene Reaktion ist. „Zuhören können" ist eine Form der Empathie und damit emotionale Intelligenz.

Nicht jeder, der hören kann, kann auch zuhören.

Zuhören ist eine bewusste, im wesentlichen freiwillige Handlung, um zu verstehen, was uns der Gesprächspartner mitteilen möchte. Dabei ist das Zuhören nicht mit dem Hören zu verwechseln, da letzterem keine intentionale Handlung vorausgeht. So nehmen wir beim Hören auch Geräusche wahr, die wir nicht wollen, z. B. Musik im Hintergrund, Verkehrslärm. Und dieses nicht wollen, klammern wir beim Zuhören aus. Wir wollen beim Zuhören entscheiden, was wir hören wollen. Zuhören ist verbunden mit einem Wunsch, mit einem Anspruch und großem Interesse und auch Neugierde, je stärker diese sind, desto intensiver ist das Zuhören.

4.7.2 Einige Grundsätze für die Kompetenz „Zuhören können"

Ab und an hören wir aus dem Munde eines Mitarbeiters „Mein Chef ist ein guter Zuhörer". Wir genießen es dann, unser Anliegen, unsere Probleme, ohne Druck zu erzählen und zu wissen, dass wir auf ungeteilte Aufmerksamkeit und auf die Zuwendung unseres Gesprächspartners bauen können. Leider begegnen wir im beruflichen Alltag nicht allzu oft solchen Vorgesetzten.

Aktives Zuhören lässt sich nicht von heute auf morgen lernen, es braucht Zeit in der Auseinandersetzung mit den Gegebenheiten effektiver Kommunikation. Es gibt Vorgesetzte und Kollegen, die diese Kunst verstehen. Diese sollten wir beobachten und von ihnen lernen. Im Führungsalltag genügt es nicht, nur sprechen zu können, wir müssen auch zuhören können und vor allem zuhören wollen.

Aktives Zuhören bedeutet, den Gesprächspartner „bei sich aufzunehmen". Es klingt jetzt sehr pathetisch, aber wir alle sehnen uns nach einem geneigten und offenen Ohr und nach Geborgenheit.

Für Beruf und Alltag müssen wir das aktive Zuhören lernen, um die zu verstehen, mit denen wir eng zusammenarbeiten oder zusammenleben. Dann gelingt es uns auch im richtigen Moment, z. B. bei einem Problem am Arbeitsplatz, die passenden und richtigen Worte zu finden. Zuhören ist Aktivität, um den Gesprächspartner, in unserem Falle den Vorgesetzten, wahrnehmen zu können.

Der spanische Philosoph Francesc Torralba beschreibt wichtige Voraussetzungen und Grundsätze für das Erlernen aktiven Zuhörens, die hier in komprimierter Form dargeboten und auch auf die Vorgesetzten-Mitarbeiterebene transportiert werden:

- Das Zuhören erfordert eine hohe innere Bereitschaft. Die Kunst des Zuhörens muss geübt werden, es erfordert Anstrengung und Ausdauer.
- Niemand kann uns Zwingen zuzuhören, selbst nicht unter Druck. Nur derjenige hört zu, der es auch wirklich will; Dies mag in einem Alltagsgespräch zutreffen, ist im betrieblichen Alltag oftmals anders. Druck allein kann schon durch die Anwesenheit des direkten Vorgesetzten entstehen bzw. für diesen durch den nächsthöheren Vorgesetzten, z. B. den Geschäftsführer.
- Das Zuhören ist eine der wenigen freien Handlungen, die der Mensch wahrnehmen kann. So wissen wir, wem wir zuhören oder nicht. Dabei ist jeder für die Art und Weise seines Zuhörens verantwortlich. Dies trifft auch umgekehrt für unseren Gesprächspartner zu. In Mitarbeitergesprächen kann ich mir dies als Vorgesetzter schwerlich erlauben, nur dem zuzuhören, dem ich möchte.
- Das Wort „Zuhören" bedeutet etymologisch betrachtet, aufmerksames und einfühlendes Zuhören. Zuhören heißt auch Aufnahmebereitschaft und Verständnis für die Worte, die der Gesprächspartner artikuliert hat.
- Zuhören kann unterschiedliches Niveau haben, je nachdem was der Gegenüber aufdringlich und dumm daher schwätzt. Fehlende Gemeinsamkeit auch in den Themen erschwert das Zuhören.
- Zuhören kann oberflächlich sein, kann aber auch großes Interesse verraten. Überflüssige und uninteressante Ausführungen zerstören die Bereitschaft zur Aufnahmefähig-

keit, kluge Worte und eine geistreiche Rede sind dem Zuhören förderlich.
- Zuhören ist die permanente Suche nach der Substanz des anderen und somit wichtig für jeden Dialog. Wir nehmen Gedankengänge des anderen auf, auch wenn sie möglicherweise nicht unserer Grundüberzeugung entsprechen. Dabei besteht die Herausforderung darin, gegensätzliche Meinungen und Ansichten zu akzeptieren.
- Zuhören bildet Urteilsvermögen und setzt dies auch voraus. Es bedeutet hohe Konzentration und auch Bereitschaft, die Informationen des Gegenüber zu verstehen und die Botschaften zu erkennen.
- Ein guter Zuhörer achtet nicht nur auf das gesprochene Wort, er nimmt auch nonverbale Signale auf und weiß diese zu deuten, z. B. Gestik, Mimik. Schweißperlen auf der Stirn, unruhige Hand- und Fingerbewegungen deuten z. B. auf Erregtheit, Unsicherheit, Nervosität und Unwohlsein hin, dem gilt es vorzubeugen.
- Zuhören bedeutet Zuwendung zu dem, der gerade spricht. Zeigen Sie Blickkontakt, Aufmerksamkeit und Interesse, denn er öffnet sich und vertraut ihnen. Dieses Vertrauen erwartet auch der Gegenüber.
- Zuhören heißt auch, Vorurteile, die wir einem anderen gegenüber haben, z. B. einem Mitarbeiter, auszuräumen und nicht durch vorherige, ältere Gegebenheiten beeinflussen zu lassen. Es ist nicht immer einfach, aktiv zuzuhören. Wir haben die Fähigkeit dazu, aber nicht immer die Bereitschaft. Ein negatives Bild des Gegenüber ist oft ein Hindernis für das Zuhören oder macht es sogar unmög-

lich. Um ihrem Mitarbeiter oder Vorgesetzten aktiv zuhören zu können und ihn zu verstehen, müssen Vorurteile ausgeräumt werden. Dies zeichnet im Berufsalltag auch eine Führungskraft aus.

- Die Kunst des aktiven Zuhörens erfordert Zeit. Sie müssen sich genügend Zeit nehmen. Das richtige Zuhören braucht seine Zeit, eine Zeit, die von einem anderen, z. B. dem Mitarbeiter, bestimmt wird. Dabei geben Sie Ihrem Gegenüber eine Chance zu sprechen, während Sie sich stark zurücknehmen. Dafür brauchen wir Zeit für das sich verbale Auszudrücken des möglichen Anliegens, das aus sich herausgehen erfordert Zeit, die Erfassung der Vielfalt des Gedankengutes und seiner Gefühle ist zeitintensiv und auch das angemessene Eingehen auf die gehörte Botschaft.
- Aktives Zuhören bedeutet, in die Welt des anderen einzutreten. Ein altes chinesisches Sprichwort sagt: „**Wenn du jemanden wirklich verstehen willst, versuche in seinen Schuhen zu laufen.**" Dem Mitarbeiter zuhören ist ein Akt des Aufnehmens von Gedanken und Gefühlen des Gegenüber. In bestimmten Situationen ist dies auch ein Eindringen in das Innenleben des Mitarbeiters. Sie als Vorgesetzter nehmen sich dabei selbst zurück. Die Kunst des Zuhörens ist es jetzt, das eigene Ego auszuschalten und den Gesprächspartner ins Zentrum der Aufmerksamkeit rücken zu lassen.
- Um dem Mitarbeiter zuzuhören, muss sich die Führungskraft zunächst im Schweigen üben. Dies bedeutet meist, **nichts sagen zeugt oft von guter Beherrschung der Sprache**. Dabei geht es nicht darum, schweigen zu können, sondern ebenso darum, Stille zu schaffen. Dies wiederum be-

deutet, dass wir unsere Gedanken zu beherrschen lernen, um uns ganz auf die Worte unseres Mitarbeiters einstellen zu können. Zuhören erfordert eine geistige Askese, viel Einfühlungsvermögen und auch Vorstellungskraft.

- Aktives Zuhören heißt auch, die Botschaften des Mitarbeiters **mit den Sinnen wahrzunehmen und zu selektieren**. Intelligentes Zuhören bedeutet ferner, sorgfältig zu entscheiden, was will ich hören und wem schenke ich meine Aufmerksamkeit. Die Motivation zum aktiven Zuhören hängt nicht selten vom Aussehen des Mitarbeiters, von Äußerlichkeiten, von seiner Art des Sprechens, vielleicht vom Geruch, von seiner Gestik und Mimik ab. Dies darf uns aber nicht zu sehr beeinflussen, wichtiger ist, zu verstehen, was uns der Gegenüber sagt (Inhalte).
- Es gibt eine Form des Zuhörens, die sich als „mitleidiges Zuhören" bezeichnen lässt. Dabei hören wir im Alltag jemandem zu, nicht, weil uns die gesagten Inhalte interessieren, sondern wir Mitgefühl empfinden, zuhören zu müssen. Auch dieses uneigennützige mitleidige Zuhören lässt uns als Person reifen, macht sensibler und menschlicher. Dabei wird die Art des Zuhörens nicht von der Zweckmäßigkeit oder einem Nutzen bestimmt, sondern von der Freude, die der Gesprächspartner empfindet, wenn man ihm zuhört. Im betrieblichen Alltag tut der mitleidig zuhörende Vorgesetzte so, als interessiere und motiviere ihn, was der Mitarbeiter sagt, auch wenn dem nicht so ist. Es handelt sich um eine Art Zuwendung, der das Wohlbefinden des anderen zum Ziele hat (ethischer Akt).

Carl Ransom Rogers, ein amerikanischer Psychologe und der Begründer des „aktiven Zuhörens", führt die Basis des Zuhörens vereinfacht auf drei wesentliche Elemente zurück:

- Empathische und offene Grundhaltung
- Authentisches und kongruentes Auftreten der Gesprächspartner
- Akzeptanz und bedingungslose positive Beachtung dem Gegenüber entgegenbringen

Bei Rogers ist Aktivität eine Grundvoraussetzung, um das Anliegen des Gesprächspartners richtig zu verstehen und eine Vertrauensebene aufzubauen. In seinem Buch beschreibt Rogers den Gewinn, den die Praxis des Zuhörens für sein Berufsleben bedeutet hat, so:

> **„Einerseits habe ich es sehr genossen, wenn ich jemandem wirklich zuhören kann, denn der Kontakt zwischen ihm und mir bereicherte mein Leben. Andererseits hat es mir auch sehr gefallen, wenn man mir zuhörte."**

Beide Ansätze mit ihren formulierten Voraussetzungen für das Zuhören haben auch Gültigkeit für den betrieblichen Alltag der Kommunikation zwischen Vorgesetztem und Mitarbeiter. Sehr treffend formuliert dies Marie von Ebner-Eschenbach, eine österreichische Schriftstellerin des 19. Jh.:

> **„Solange man selbst redet, erfährt man nichts."**

Einander nicht zuzuhören ist im Privatleben, im Unternehmen, bei vielen unserer Moderatoren in Talkshows und insbesondere in der Politik weit verbreitet. So schreibt Hans Georg Gadamer, ein bekannter deutscher Philosoph: Wir hören so sehr uns selbst zu, sind so mit uns beschäftigt, dass wir nicht mehr fähig sind, die anderen zu hören. Die Fähigkeit, einen offenen Dialog zu führen, macht aber unsere wahre Menschlichkeit aus.

Aktives Zuhören ist eine besondere Kunst, die nur die wenigsten Menschen beherrschen. Aktives Zuhören bedeutet, dass wir uns nicht nur anhören, was der Gesprächspartner sagt, sondern diesen zum Sprechen ermuntern und dabei unterstützen. Verinnerlichen Sie sich nachfolgende Aussage:

„Je mehr Sie reden, desto weniger hören Sie zu. Und je mehr Sie reden, desto weniger werden andere zuhören."

4.7.3 Zusammenfassung und Fazit

Richtiges Zuhören von Führungskräften ist die Fähigkeit, sich auf die Bedürfnisse und Zielsetzungen der Mitarbeiter einzustellen. Es ist die besondere Fähigkeit, so Lee Iacocca, ein ehemaliger amerikanischer Manager aus der Automobilindustrie, die einen Unterschied zwischen einem mittelmäßigen und einem gut geführten Unternehmen ausmacht (Zuhören als Bestandteil einer Kommunikationskultur).

Die Früchte des aktiven Zuhörens können für die Vorgesetzten in folgenden Tugenden liegen:

- **Klarheit:** Nur wer viel und intensiv zugehört hat, besitzt tatsächlich Klarheit (in der Sache und in der Person).
- **Guter Rat:** Ratschläge erteilen ist meist schwierig, dafür brauchen wir viele Fakten, um diese einordnen und beurteilen zu können.
- **Angemessene Kritik** üben ist nur möglich, wenn man in angemessener Weise das Zuhören praktiziert hat und vieles aufgenommen und strukturiert hat.
- **Liebenswürdigkeit:** Ein liebenswerter Mensch ist jemand, der bei den anderen Beliebtheit genießt, der gewisse Eigenschaften und Fähigkeiten im Umgang mit anderen besitzt.
- **Feingefühl:** Eine Tugend im zwischenmenschlichen Umgang mit seinen Mitarbeitern. Haupttugenden können dabei z. B. Gerechtigkeit, Klugheit, Standhaftigkeit sein. Im Gespräch beweist der Feingefühl, der sagt, was er denkt ohne den anderen zu verletzen.
- **Selbsterkenntnis:** Selbsterkenntnis kommt über das sich selbst zuzuhören, es erfordert eine auf sich selbst gerichtete Aufmerksamkeit, einen Prozess inneren Zuhörens. Ohne die Existenz anderer Personen wären wir niemals in der Lage, uns selbst kennenzulernen. Im Unternehmen ist der Mitarbeiter ein Spiegel, wenn auch kein verzerrungsfreier.

Kevin J. Murphy gibt in seinem Buch zum Abschluss einige Übungen zum Erlernen aktiven Zuhörens, die auch zum Schmunzeln verführen und trotzdem viel Wahres beinhalten:

- Geben Sie jedem Arbeitstag, was ihm gebührt, indem Sie sich jeden Tag einige Augenblicke Zeit nehmen, um sich mit den Bedürfnissen und Zielen Ihrer Mitarbeiter zu geschäftigen: Kreative Ideen, innovative Vorschläge, Veränderungswünsche.
- Sprechen Sie täglich mit mehreren Ihrer Mitarbeiter, zeigen Sie Verfügbarkeit/Präsenz und vermeiden Sie mangelnde Kommunikation.
- Merken Sie sich wichtige Lebensdaten Ihrer Mitarbeiter, z. B. Dienstjahre, Anzahl der Kinder, wichtige Hobbys etc.
- Pressen Sie mehrmals täglich die Lippen zusammen, um nicht dort zu sprechen, wo Sie zuhören sollten, auch wenn es Ihr Ego belastet.
- Lachen Sie mindestens einmal täglich über sich selbst, das macht Sie menschlich.
- Und wenn alles andere nicht hilft: Schauen Sie in den Spiegel, denn dort sehen Sie, dass die Natur Sie mit zwei Ohren, aber nur einem Mund ausgestattet hat. Hören Sie zweimal so häufig zu wie Sie reden.

Zuhören ist die Basis jeglicher Kommunikation. Durch aufmerksames, aktives Zuhören wird eine Verbindung hergestellt, eine Gemeinschaft mit meinem Gesprächspartner. Erst Zuhören macht einen wirklichen sinnvollen Dialog mit anderen möglich. Aktives Zuhören bedeutet Aufnahmebereitschaft und Verständnis für die Worte und Aussagen meines Gesprächspartners. Verwechseln Sie allerdings aktives Zuhören nicht mit rein schweigendem Verhalten. Gute Zuhörer stellen in Gesprächspausen klärende Fragen.

Kaum etwas schafft so viel Vertrauen, wie das Gefühl, gehört zu werden, denn erst durch achtsames Zuhören entstehen Nähe und Vertrauen. Das Problem ist, wir haben verlernt, aktiv zuzuhören. So ist die Aufmerksamkeitsspanne in den letzten Jahren stetig gesunken. Dabei ist der Wunsch, selbst etwas zu sagen, meist größer als die Bereitschaft dem Mitarbeiter mit ungeteilter Aufmerksamkeit zu begegnen. Wir müssen wieder lernen, einander zuzuhören und somit wieder Vertrauen zu gewinnen. Dieser Appell geht insbesondere auch an das Management in der Unternehmensspitze und insbesondere an unsere Politiker, denen diese Tugend fast abhandengekommen ist.

Zuhören zu können, wird in sehr vielen Unternehmen unterschätzt. Daher kann man dies nicht so oft wie möglich wiederholen. Es ist eine der mächtigsten Eigenschaften eines Vorgesetzten.

Wer anderen Menschen, insbesondere seinen Mitarbeitern, zuhört,

- erfährt mehr und kann somit effektivere Entscheidungen treffen;
- kann Wichtiges von Unwichtigem unterscheiden;
- gibt dem Mitarbeiter das Gefühl, respektiert und „gewertschätzt" zu werden;
- hilft dem Vorgesetzten, sich besser zu fokussieren und mehr respektiert und selbst besser „gewertschätzt" zu werden.

Der Zuhörer ist ein „**schweigender Schmeichler**" bemerkte schon Immanuel Kant. Wir könnten eigentlich sagen: **Wer wirklich was zu sagen hat, hört zuerst einmal zu.**

Lassen Sie uns dieses Kapitel „Aktives Zuhören" durch einige zusätzliche Denkanstöße und Lebensweisheiten abrunden, die für sich selbst sprechen und Wichtiges in Sachen „Zuhören" zum Überlegen mitgeben. Zuhören können ist auch im Lebensalltag eine ganz wichtige Funktion, die von den wenigsten beherrscht und praktiziert wird, aber doch auch so lebenswichtig für diese Alltagskommunikation ist. Daher nachfolgend kumulativ genannte Weisheiten zur besonderen Verinnerlichung und vor allem Nachahmung:

„Man ist immer wieder erstaunt, was ein wortkarger Mitarbeiter alles zu sagen hat."

„Nichts sagen zeugt oft von guter Beherrschung der Sprache."

„Während wir reden, können wir nicht zuhören."

„Wer Äußerungen anderer selbst zu Ende bringt, schwächt deren Wunsch, sich mitzuteilen."

„Wer Geschichten anderer gut zuhört, gewinnt wertvolle Einblicke in ihren Charakter."

„Je besser Sie zuhören, desto eher erfahren Sie, wie wenig Sie im Grunde wissen."

„Denke immer daran: Wenn Du etwas sagst, dann wiederholst Du nur das, was Du sowieso schon weißt. Aber wenn Du zuhörst, dann kannst Du noch Neues erfahren."

Verwendete und empfehlenswerte Literatur:

Bay, R. H.: Erfolgreiche Gespräche durch aktives Zuhören, Ehningen 2018

Fabian, C.: Zuhören und hinhören, München 2017

Iaccoca, L./Novak, W.: Iacocca – eine amerikanische Karriere, Düsseldorf 1995

Murphy, K. J.: Besser zuhören – mehr Erfolg, Freiburg 1998

Nichols, M. P.: Die Macht des Zuhörens, Kandern 2018

Rogers, C. R./Stevens, B.: Von Mensch zu Mensch. Möglichkeiten, sich und anderen zu begegnen, Wuppertal 2001

Steil, L. K. u. a.: Aktives Zuhören. Anleitung zur erfolgreichen Kommunikation, Heidelberg 1986

Torralba, F.: Die Kunst des Zuhörens, München 2007

4.8 Fordern und Fördern – Personalentwicklung

4.8.1 Einordnung und Abgrenzung

Der Entwicklung der Mitarbeiter kommt eine zentrale Rolle im Unternehmen zu. Führungsaufgabe muss heute auch sein, Mitarbeiter hinsichtlich Ihrer Leistungsfähigkeit und Leistungsbereitschaft sowie ihrer Kompetenzen zu fordern und zu fördern.

Der Vorgesetzte ist aufgrund des engen Kontaktes mit seinen Mitarbeitern am besten in der Lage, diese entsprechend ihres Leistungsvermögens und Ihrer Qualifikation einzuschätzen. Personalentwicklung ist ausschließlich Aufgabe des Vorgesetzten, Instrumente und Maßnahmen bietet der Bereich Personalentwicklung als Funktionsfeld des HR-Management an, in Abstimmung mit dem jeweiligen Vorgesetzten.

Die positiven Aspekte der Mitarbeiterförderung sind qualifizierte, motivierte und identifizierte Mitarbeiter. Voraussetzung hierfür ist, dass die Mitarbeiter auch den persönlichen Willen und das Wollen sowie die innere Bereitschaft dazu mitbringen. Ist dies nicht gegeben, sind den Fördermöglichkeiten des Vorgesetzten Grenzen gesetzt. Ein wichtiger Punkt in Sachen Förderung ist, dass der Vorgesetzte nicht nur leistungsstarke, sondern auch leistungsschwache Mitarbeiter gleichermaßen zu berücksichtigen hat. Der leistungsstarke Mitarbeiter, besonders gekennzeichnet durch hohe Eigenmotivation (intrinsische Motivation), Erfolgswille und Zuverlässigkeit, wird i. d. R. von seinem Vorgesetzten gefördert. Dabei wird der Vorgesetzte festlegen, ob Fach- oder Führungsförderung umgesetzt wird.

Bei einem leistungsschwachen Mitarbeiter müssen vorher die Ursachen für die Defizite eruiert werden, um mögliche Stärken herausfinden und fördern sowie Schwächen ausgleichen zu können. Hans Urs von Balthasar, ein römisch-katholischer Theologe, führt hierzu an:

> **„Wir warten ein Leben lang auf den außergewöhnlichen Menschen, statt die gewöhnlichen um uns herum in solche zu verwandeln."**

Im Vergleich zur Förderung eines Mitarbeiters liegt beim Fordern die Initiative und die Verantwortung allein beim Vorgesetzten und nicht beim Mitarbeiter. Dabei muss die Führungskraft seine Erwartungshaltung gegenüber dem Mitarbeiter verdeutlichen, klare Forderungen und Anweisungen stellen und diese regelmäßig evaluieren sowie Leistungen aufgrund definierter Ziele einfordern (Zielvereinbarungen).

Mitarbeiter herausfordern, zur Leistung anzuspornen, ist heute wichtige Aufgabe der Führung. Dafür ist es wichtig, dass der Vorgesetzte seine Mitarbeiter kennt und versteht. Er muss wissen, wie seine Leute „ticken", wie Lernen funktioniert, welche Lernbereitschaft liegt vor, wie ist es um die Lernfähigkeit gestellt und wie gehen wir mit Veränderungen um.

Fördern und fordern oder umgekehrt zuerst fordern, dann fördern sind heute in ihrer Reihenfolge vieldiskutierte Kernelemente der Personalpolitik und Personalentwicklung in der Literatur und in Unternehmen. Ergebnis dieser Diskussion ist meist: Fordern und Fördern müssen sich langfristig die Waage halten. Egal wer der Geforderte und der Geförderte ist, fordern und fördern funktioniert nur auf Gegenseitigkeit. Wie heißt es so schön auf der Internetseite von **BASF**, Ludwigshafen: „Der Erfolg eines Unternehmens hängt von der Leistung jedes Einzelnen im Team ab. Daher fordern und fördern wir die individuellen Stärken unserer Mitarbeiter." Bei der **Fa. Boehringer**, Ingelheim, lautet es im aktuellen Unternehmensbericht: „Wir sind stark durch unsere Mitarbeiter: Wir fördern ein vielfältiges, gemeinschaftliches und offenes Umfeld, das die Besten anspricht." Auch das **ZDF-Mainz** fördert und fordert die Übernahme von Verantwortung in ihren Leitlinien. Dabei sind die Mitarbeiterinnen und Mitarbeiter bereit, Verantwortung zu übernehmen. Die Übernahme von Verantwortung auf den unterschiedlichen Ebenen basiert auf Vertrauen, Offenheit, gegenseitigem Respekt und Kompetenz.

Der Impuls zur Weiterentwicklung im Unternehmen kann dabei von beiden Seiten ausgehen, sowohl vom Mitarbeiter (und den Kollegen) als auch vom Vorgesetzten. Zu Beginn steht aber immer der Wille und das Wollen des Einzelnen. Fordern und Fördern hängen also sehr eng zusammen und bedingen sich wechselseitig. Der Begriff „fordern" wird allerdings sehr selten in den Internetauftritten von Unternehmen bzw. deren

Geschäfts-/Unternehmensberichten unter der Rubrik „Mitarbeiter" aufgeführt.

Ein Schlüssel für beide Verhaltensweisen – fördern und fordern – liegt in der Entwicklung der Mitarbeiter, der Personalentwicklung. Wie formulierte dies schon Peter F. Drucker, ein amerikanischer Managementguru sehr treffen:

> „Wir müssen uns an den Gedanken gewöhnen,
> dass Unternehmen weit mehr von ihren Mitarbeitern
> abhängen, als die guten Leute vom Unternehmen."

4.8.2 Personalentwicklung – Ziele und ableitbare Aufgaben für die Beteiligten

Personalentwicklung umfasst dabei alle Maßnahmen, von der Ausbildung, Fortbildung, Weiterbildung bis hin zur Förderung der Mitarbeiter. Hierdurch sollen die Qualifikation, die Kompetenz und die Potenziale der Mitarbeiter zur Verwirklichung der Strategie des Unternehmens verbessert werden. Seine Mitarbeiter zu entwickeln ist Aufgabe des Vorgesetzten, die Abteilung Personalentwicklung berät den Vorgesetzten hinsichtlich Maßnahmen, Konzepten und Instrumenten. In diesem Sinne ist Personalentwicklung integraler Bestandteil des Managementsystems eines Unternehmens, eingebettet in z. B. die Unternehmenskultur, die Unternehmensleitlinien, die Führungsgrundsätze, die Unternehmensziele und die HR-Strategie. Personalentwicklung tangiert auch die systemische Entwicklung des Unternehmens von der Teamentwicklung (Zusammenarbeit) bis hin zur Organisationsentwicklung (Strukturen und Prozesse).

Olaf Henkel, ehemaliger IBM-Vorstand und jahrelanger Vorsitzender des BDI artikulierte: „**Mitarbeiter können alles, wenn man sie weiterbildet und weiterentwickelt, wenn man ihnen Werkzeuge gibt, vor allem aber, wenn man es ihnen zutraut.**"

Personalentwicklung ist nicht nur für die Mitarbeiter notwendig und förderlich, sondern auch für die Führungskräfte und vor allem für das Unternehmen insgesamt. Dabei ergeben sich für die beteiligten Personen- und Adressatenkreise eine Reihe von Zielsetzungen, die Gegenstand der Verhaltensveränderung aller Beteiligten im Unternehmen sein müssen.

Für die **Mitarbeiter** wird die Personalentwicklung im Bereich des Forderns und Förderns dazu beitragen, Erwartungen und Wünsche hinsichtlich der persönlichen Entfaltung und des beruflichen und persönlichen Weiterkommens zu befriedigen.

Mögliche Einzelziele für den **Mitarbeiter** können dabei sein:

- Anpassung der persönlichen Qualifikation an die Ansprüche des Arbeitsplatzes
- Grundlage für einen möglichen beruflichen Aufstieg (Karriere- und Laufbahnmöglichkeiten)
- Erhöhung der individuellen Mobilität am Arbeitsplatz
- Übertragung/Übernahme neuer und erweiterter Aufgabenfelder (job enlargement/enrichment)

- Zum Lernen motivieren, Leistungsfähigkeit und -bereitschaft fordern und fördern, Selbstlernkompetenz entwickeln
- Minimierung des Risikos eines Arbeitsplatzverlustes
- Steigerung der Attraktivität und Mobilität auf dem Arbeitsmarkt
- Ausbau von Potenzialen und Fähigkeiten sowie Erkennung und Aktivierung „schlummernder Potenziale"
- Wahrnehmung zukünftiger eignungs- und neigungsbedingter Aufgaben (Auslandsengagement)
- Steigerung der Selbstverwirklichungschancen und der Persönlichkeitsentwicklung
- Prestige- und Einkommensverbesserung

Insgesamt gilt es auf Mitarbeiterseite Selbstverantwortung und Schlüsselkompetenzen zu fordern. Aus alle diesen Zielen werden jetzt durch Weiterbildung und Förderung Kompetenzfelder beim Einzelnen ausgebaut und entwickelt und selbstgesteuertes Lernen gefördert.

Mitarbeiter beruflich zu fordern und auch zu fördern ist Aufgabe **der Führungskräfte**. Dafür ist es besonders wichtig, seine Mitarbeiter auch näher zu kennen, am Arbeitsplatz oder in Projekten kennengelernt zu haben und diese einschätzen zu können.

Mögliche Einzelziele für den **Vorgesetzten** sind dabei z. B.:

- Auswahl von Mitarbeitern mit Fach- und Führungspotenzialen für Nachfolgeplanungen

- Festlegen von individualisierten Fach- und Förderprogrammen für Mitarbeiter, z. B. Expertenentwicklung, Projektmanagement
- Beobachtung von Mitarbeitern zwecks Potenzialerkennung
- Passgenaue Auswahl von Mitarbeitern für Bildungs- und Fördermaßnahmen
- Besondere Förderung von Potenzialträgern
- Empfehlung von Mitarbeitern in andere/erweiterte Positionen
- Delegation von Aufgaben an qualifizierte Mitarbeiter
- Feedbackgespräche nach erfolgten Maßnahmen
- Aufforderung an Mitarbeiter zur Verbesserung fachlicher und überfachlicher Kompetenzen

Auch für das Unternehmen insgesamt ist Fördern und Fordern von Mitarbeitern von besonderer Bedeutung. Das Unternehmen hat das Ganze im Blick zu haben, muss auf Veränderungen durch z. B. neue Technologien, die Globalisierung u. v. m. eingehen können und sich vor allem wechselnden Gegebenheiten auch kurzfristig anpassen.

Hierfür sind mögliche Einzelziele **aus Unternehmenssicht** z. B.:

- Sicherung des notwendigen Bestandes an Fach- und Führungskräften
- Anpassung der Qualifikation der Mitarbeiter an veränderte Arbeitsgegebenheiten
- Größere Unabhängigkeit vom externen Arbeitsmarkt

- Erhöhung der Bereitschaft, Veränderungen zu verstehen, herbeizuführen und mitzutragen
- Entwicklung eigener Rekrutierungsinstrumente, Karriere- und Lernpfade
- Möglichkeiten der Verwirklichung der Work-Life-Balance
- Verbesserung der innerbetrieblichen Information, Kommunikation und Weiterbildung
- Verbesserung der Mitarbeitermotivation und Arbeitszufriedenheit
- Vermittlung von Schlüsselkompetenzen, Ausbau der Selbstlernkompetenz
- Schaffung von Berufsausbildungsangeboten
- Schaffung einer interessanten Arbeitgebermarke (Employer Branding)

Die Förderung von Mitarbeitern hat auch **gesamtgesellschaftliche Relevanz**. Gesellschaftliche Organisationen wie z. B. Gewerkschaften, Parteien, Verbände erwarten von der Personalentwicklung, dass sie spezifischen Bildungsbedarf, der nicht durch das staatliche Bildungssystem abgedeckt wird, durch entsprechende mitarbeiterbezogene Fördermaßnahmen ausgleichen.

Dabei können folgende Ziele vorgegeben werden, z. B.

- Anhebung des gesellschaftlichen Bildungsniveaus und der Qualifikationen
- Beeinflussung der Sozialstruktur der Gesellschaft eines Landes

- Abbau der Arbeitslosigkeit aufgrund mangelnder oder falscher Qualifikationen
- Erhöhung der Leistungsfähigkeit und des Leistungswillens der Menschen in einer Volkswirtschaft

> „Die Unterstützung des Chefs ist wichtig.
> Entweder er hält die Hand unter einen und man kommt hoch oder er hält sie über einen wie einen Regenschirm und man wird von oben nicht wahrgenommen."
> (unbekannt)

4.8.3 Konzeption und Maßnahmen

Personalentwicklung umfasst daher alle Konzepte, Instrumente und Maßnahmen zu Qualifizierung und zur Förderung von Mitarbeitern und Teams. In diesem Zusammenhang besteht eine wichtige Aufgabe der Personalentwicklung, Maßnahmen auf der Basis der Fähigkeiten, der Neigungen und Interessen der Mitarbeiter in enger Abstimmung mit dem Vorgesetzten umzusetzen und mit Blick auf die Unternehmensziele weiterzuentwickeln.

Personalentwicklung darf dabei nicht isoliert aktiv werden, sondern ist integraler Bestandteil des Gesamtsystems Unternehmung, sie ist eingebettet in die Unternehmensvision, die Unternehmenskultur, die Unternehmensleitlinien und auch in die Unternehmensziele sowie in die funktionalen Strategien wie z. B. die HR-Strategie, die Marketingstrategie oder die Finanzstrategie.

Ein **Personalentwicklungskonzept** gleicht die derzeitigen und zukünftigen Ziele, Anforderungen und Kompetenzen des Unternehmens mit der Eignung und den Potenzialen der Mitarbeiter ab. Ziele und Anforderungen des Unternehmens werden durch die Geschäftsführung festgelegt, basierend z. B. auf den Marktgegebenheiten. Für die Feststellung der Mitarbeitereignung und -potenziale können Instrumente wie z. B. Beurteilung durch den Vorgesetzten, Mitarbeitergespräche, eignungsdiagnostische Verfahren usw. herangezogen werden. Betrieblicher Bedarf und die Eignung und Potenziale der Mitarbeiter sind dann Gegenstand eines Anforderungs-/Eignungsvergleiches. Dieser zeigt sehr konkret die Entwicklungs- und Bildungsnotwendigkeiten, Stärken und Schwächen der Mitarbeiter, auf, die dann in gezielte, individuelle, am Bedarf orientierte Entwicklungsbereiche, gemeinsam vom Vorgesetzten mit dem Mitarbeiter besprochen, münden. Eine mangelhafte Bedarfsanalyse der tatsächlich benötigten Mitarbeiterkompetenzen behindert Findung und Umsetzung passgenauer Bildungs- und Fördermaßnahmen und somit den notwendigen Lern- und Kompetenzfortschritt. Die abschließende Umsetzung von Maßnahmen und deren Transfererfolgskontrolle bewertet die Effizienz der durchgeführten Personalentwicklungsmaßnahmen.

Die Maßnahmen können dabei wie folgt differenziert werden in Form eines Employee life cycle:

- **into the Job** wie Anlernausbildung, Berufsausbildung, Traineeprogramme, On-boarding-Programme;

- **on the job** wie Lernen am Arbeitsplatz, qualifikationsfördernde Aufgaben, Projektarbeit, Teamarbeit;
- **along the job**, z. B. Laufbahnplanung, Karriereplanung, selbstgesteuertes Lernen durch Lernpfade (strukturierte Wege durch eine Reihe von aufeinander abgestimmten Lernsequenzen);
- **near the job**, z. B. Qualitätszirkel, Erfahrungszirkel;
- **off the job** wie interne und externe Trainings, berufsbegleitend studieren, selbstgesteuertes und zielorientiertes Lernen im Sinne eines lebenslangen Lernens;
- **out oft the job**, z. B. gleitender Ruhestand, Ruhestandsvorbereitung, beratende Tätigkeit, After-Work-Life-Balance, Altersteilzeitprogramme.

Der Vorgesetzte sollte, abschließend hierzu, das beherzigen, was Henri Ford sagte:

> „Wer eine Sache am besten kann,
> sollte das eine tun, was er kann."

4.8.4 Ergebnis

Mitarbeiterführung über Personalentwicklung ist für jeden Vorgesetzten und jedes Unternehmen eine permanente Aufgabe. Die in der Ausbildung erworbenen Fähigkeiten und Fertigkeiten reichen bei Weitem nicht mehr aus, um ein ganzes Berufsleben zu bestreiten. Dies liegt u. a. am technologischen Wandel, an der Halbwertzeit des Wissens, am derzeitigen Fachkräftemangel usw. Unternehmen und dabei auch die Führungskräfte werden zu immensen Anstrengungen bei der Qualifizierung und Förderung ihrer zukünftigen Mitarbeiter gezwungen.

Aufgabe der Vorgesetzten besteht hierbei darin, die vorhandenen Fähigkeiten, Neigungen und Kompetenzen seiner Mitarbeiter zu kennen, zu entwickeln sowie zu fördern und diese mit den jeweiligen Erfordernissen und Qualifikationen des Arbeitsplatzes in Einklang zu bringen.

Dabei sollten wir allerdings die Aussage von Helmut Oswald Maucher, dem ehemaligen Generaldirektor des Nahrungsmittelkonzern Nestle beherzigen, der zur Zweiseitigkeit der Personalentwicklung folgendes sagte:

„Frage nicht nur, was Nestle für dich tun kann, sondern was du für Nestle tun kannst."

Mit der Institutionalisierung und Umsetzung eines Personalentwicklungskonzeptes wird ein Unternehmen nicht nur den zukünftigen Arbeitsanforderungen gerecht, es wird auch in starkem Maße individuellen Mitarbeiterbedürfnissen Rechnung getragen. Entwicklungschancen müssen für alle Mitarbeiter bestehen. Von den Mitarbeitern wird ferner heute lebenslanges Lernen erwartet, der Aufbau einer individuellen Lernkultur. Darüber hinaus hängt die Weiterentwicklung von bestehenden oder entdeckten schlummernden Potenzialen sowie von der Bereitschaft und dem Engagement jedes einzelnen ab. Dies fordert auch Helmut Oswald Maucher in seinem vorher zitierten Ausspruch.

Aufgabe des jeweiligen Vorgesetzten ist ferner, durch regelmäßige Beobachtung und Beurteilung seiner Mitarbeiter, Entwicklungsfähige zu erkennen und zu fördern. Formalisierte Personalentwicklung in der beschriebenen Form ist derzeit in KMU (kleine und mittelgroße Unternehmen) in Deutschland noch nicht weit verbreitet, da diese oftmals nicht genügend über Personalressourcen für die Mitarbeiterentwicklung verfügen. Personalentwicklung in KMU ist meist „Chefsache". Beratungsfirmen, Berufsverbände (IHK) und Hochschulen (in Projekten oder über Bachelor- und Masterarbeiten) unterstützen dabei, z. B. über Arbeitsanforderungsanalysen, Kompetenzanalysen, der Einführung von Mitarbeitergesprächen oder der Durchführung von Mitarbeiterumfragen. Ein Zukunftsthema für Unternehmen in der Größenordnung heißt „Personalentwicklung", um den zahlreichen Veränderungen im Unternehmen und am Arbeitsplatz gerecht zu werden, aber immer orientiert am jeweiligen Bedarf des Unternehmens und seiner Mitarbeiter.

Zusammenfassung: Personalentwicklung heißt, Orientierung am Bedarf, an den

B	etrieblichen Erfordernissen
E	rfolgspotenzialen der Mitarbeiter
D	ynamischen Veränderungen
A	nforderungen des Arbeitsplatzes
R	ollenerwartungen und Zielen
F	ortschrittlichen Konzepten.

Auch wenn zukünftig durch digitales Lernen eine neue Art der Personalentwicklung entsteht, bleibt das Fordern und Fördern von Mitarbeitern Führungsaufgabe des Vorgesetzten, orientiert an der Bedarfssituation des Unternehmens und des Mitarbeiters in Form von positionsorientierter und potentialorientierter Förderung. Personalentwicklung ist dabei zukünftig in drei Punkten besonders gefragt: fachlich, sozial und digital.

Gerade die jüngeren Generationen (Y und Z – Millennials und Digital Natives oder Post Millenialls) erwarten einerseits ein generelles Recht auf Homeoffice und ein hohes Maß an Eigenverantwortung, andererseits sehen sie Personalentwicklung als Selbstverständlichkeit für sich selbst und das Unternehmen an. Um potenzielle Bewerber anzusprechen, so empirische Untersuchungen, müssen Unternehmen die neuen Generationen von Arbeitnehmern auch mit besonderen Zusatzleistungen (Benefits) locken. Dies ist auch wichtig für die Stärkung der Mitarbeiterbindung und Mitarbeiteridentifikation.

Die Entwicklung der Selbstlernkompetenz insbesondere durch selbstgesteuertes und zielgerichtetes Lernen ist dadurch gekennzeichnet, dass der Mitarbeiter seine Lernaktivitäten selbst bestimmt und Wissen bzw. Können auch überwiegend selbst aneignet und evaluiert. Damit wird sich auch die Personalentwicklung der Zukunft auseinandersetzen müssen. Bereits Johann Amos Comenius, ein tschechischer Philosoph, Theologe und Pädagoge, hat im 17. Jh. schon das **selbstgesteuerte Lernen** aufgegriffen und dieser Lernform eine zentrale Bedeutung im Rahmen der Reformpädagogik beigemessen. Aktuell nimmt das selbstgesteuerte Lernen im Rahmen der Personalentwicklungsprogramme insbesondere vor dem Hintergrund lebenslangen Lernens sowie des selbständigen Lernens mit neuen Medien und Programmen unter dem Aspekt der Digitalisierungsbestrebungen an Wichtigkeit zu. Dabei werden das selbstregulierende Lernen unter kognitivem Aspekt (Wissensaneignung) ebenso diskutiert wie das selbstregulierende Lernen unter dem Aspekt der Informationsverarbeitung und des Umgangs mit Tools usw. Fremdgesteuertes Lernen unter dem Aspekt des Besuches von Offline-Seminaren und -Trainings tritt somit immer mehr in den Hintergrund bzw. konzentrieren sich auf die Vermittlung bestimmter Kompetenzen wie z. B. sozialer Kompetenz, Führungskompetenz. Dabei müssen einige Methoden der Personalentwicklung und des Kompetenzaufbaus mit Anpassung der Kompetenzmodelle fortgeschrieben und teilweise neu konzipiert werden. Zukünftig stehen digitale Methoden und digitale Lernangebote im Fokus.

Digitales Lernen gilt es aber schrittweise und kontinuierlich in ein Personalentwicklungsprogramm einzubauen. So sollte jedes Unternehmen eine individuelle und maßgeschneiderte Lösung entwickeln. Ein Blick auf die aktuelle Unternehmenssituation und die Beurteilung des Reifegrades eines Unternehmens (E-Learning-Tools ausprobieren und Online-Lernverfahren und -Programme bereits im Einsatz) ist bei der Realisierung behilflich. Wichtig ist dabei vorab, eine offene und proaktive Lernkultur zu fördern in der sich die Mitarbeiter eigenständig weiterbilden und sich Wissen aneignen.

Verwendete und empfehlenswerte Literatur:

Becker, F.: Psychologie der Mitarbeiterführung, Berlin 2014

Becker, F.: Feedback auf Augenhöhe, Berlin 2016

Becker, M.: Personalentwicklung, Stuttgart 2013

Beinicke, A./Bipp, T. (Hg.): Strategische Personalentwicklung, Berlin 2019

Kauffeld, S.: Nachhaltige Personalentwicklung und Weiterbildung, Berlin 2016

Kolb, M.: Personalmanagement, Wiesbaden 2010

Meifert, M. T.: Strategische Personalentwicklung, Berlin 2013

Mentzel, W.: Personalentwicklung, München 2018

Preißing, D. (Hg.): Erfolgreiches Personalmanagement im demographischen Wandel, München 2010

Scherm, E./Süß, S.: Personalmanagement, München 2016

Strässer-Knüttel, K./Koeder, T.: Kompetenzmodell als Bestandteil effizienter Personalentwicklung, in: Update 14/2012, S. 77–82

Wegerich, Ch.: Strategische Personalentwicklung in der Praxis, Berlin 2015

Welpe, I. (Hg.): Personalentwicklung 2020, Berlin 2014

www.business-punk.com vom 14.11.2019 und www.glassdoor.de

5. Ausblick und Denkanstöße

5.1 Messbarkeit von Führung und Führungspersönlichkeit

Die erfolgreiche Führung von Mitarbeitern hängt von einer Vielzahl von Instrumenten und Verhaltensweisen ab, wie wir gesehen haben. Und besonders gefordert sind die Führungskräfte selbst und auch deren Erfolg im Umgang mit ihren Mitarbeitern.

Den Erfolg von Mitarbeiterführung zu messen, ist auch heute noch problematisch, zumal der Maßstab für Erfolg vom soziokulturellen Kontext einer Gesellschaft festgelegt ist und vor allem von den jeweiligen individuellen Wertvorstellungen der arbeitenden Menschen und deren Wahrnehmung ihres direkten Vorgesetzten, die diesen entsprechend ihrer Kenntnis bewerten. Daher ist es sehr schwierig, im Wertepluralismus, der unsere Zeit ausmacht, eine konkrete Definition von Führungserfolg zu finden.

Im Unternehmen messbar sind quantifizierbare Tatbestände (Umsatz in Euro) sowie die Wandlungs- und Anpassungsfähigkeit eines Unternehmens an sich ändernde Markt- und Produktgegebenheiten. Wie bewerten wir aber spezifische Charaktereigenschaften oder Verhaltensweisen im Umgang mit Mitarbeitern als Erfolg einer Führungskraft?

Führungswissen und Führungsinstrumente sind das eine, Führungsverhalten und Führungspersönlichkeit sind das andere, was wir im Führungsalltag mit Mitarbeitern dringend benötigen. Was macht aber eine Führungspersönlichkeit aus, vor allem, welche Persönlichkeitsmerkmale sind wichtig? Diese Frage spielt insbesondere für die Personalentwicklung eine zu beachtende Rolle, wenn es darum geht, die richtigen Talente zu erkennen und bei der alltäglichen Arbeit zu identifizieren und weiterzuentwickeln.

Die norwegischen Wissenschaftler Martinsen und Glaso von der BI Norwegian Business School wollten in ihrer groß angelegten Studie wissen, welche Kriterien eine Führungspersönlichkeit auszeichnet und welche Persönlichkeitsmerkmale und Anforderungen bei Führungskräften besonders ausgeprägt sind. Die Auswertung der Daten von 2.900 Führungskräften aller Hierarchieebenen, dabei auch 900 Führungskräfte aus dem öffentlichen Dienst und insgesamt ca. 900 weibliche Führungskräfte, zeigt, dass diese hohe Werte bei den sogenannten „Big Five" der Persönlichkeitsmerkmale aufweisen: Stabilität – Extroversion – Offenheit – Verträglichkeit und Gewissenhaftigkeit.

Entsprechend den Untersuchungsergebnissen dieser Studie lassen sich somit folgende Merkmale und Kompetenzen für Führungspersönlichkeiten ableiten:

- hoher Grad an **emotionaler Stabilität** (halten Druck und Stress bei der Arbeit stand)
- hoher Grad an **Extroversion** (klare Kommunikation und Kontaktfreudigkeit)

- hoher Grad an **Offenheit** gegenüber neuen Erfahrungen und Veränderungen (sind innovationsfähig, neugierig und haben Visionen)
- hoher Grad an **Verträglichkeit** (unterstützen ihre Mitarbeiter, kommen ihnen entgegen und beziehen sie mit ein, sozial kompetent)
- hohes Maß an **Gewissenhaftigkeit** (setzen Ziele, arbeiten sorgfältig, evaluieren Ergebnisse und haben methodische Kompetenz)

Ein weiteres interessantes Ergebnis dieser Studie ist: **Weibliche Führungskräfte** erhalten bei den meisten untersuchten Persönlichkeitsmerkmalen die höheren Werte im Vergleich zu den Männern. Die norwegischen Forscher gehen dabei so weit, zu interpretieren, dass Frauen die besseren Führungskräfte sind. Dies liegt daran, so die Studie auch, dass Führungspositionen in Norwegen häufiger mit Frauen besetzt werden, weil die Gendergerechtigkeit dort weitgehend selbstverständlich ist und Frauen meist auch mit besonderen Potenzialen (z. B. soziale Kompetenzen) ausgestattet sind. Ferner kommt noch hinzu, dass gerade für Aufsichtsratspositionen seit 2006 in Norwegen ein Frauenanteil von 40 % vorgeschrieben ist, was auch Auswirkung auf die Besetzung von Führungspositionen mit Personalverantwortung in unteren Hierarchieebenen im Unternehmen hat. Sehr treffend passt hier ein Spruch von Margaret Thatcher, der ehemaligen britischen Premierministerin:

> „Wenn Sie in der Politik etwas gesagt haben wollen, wenden Sie sich an einen Mann. Wenn Sie etwas getan haben wollen, wenden Sie sich an eine Frau."

Ebenfalls ein interessantes Ergebnis dieser Studie ist, dass **Führungskräfte aus öffentlich-rechtlichen Unternehmen** besonders gut abschnitten. Bei diesem Adressatenkreis stellen die beiden Forscher fest, dass die Führungskräfte innovativ sind, ihre Mitarbeiter besonders unterstützen und sehr gewissenhaft arbeiten. Dabei beobachten sie ferner besonderes Potenzial für ein systematisches und zielgerichtetes Verhalten in Führungsrollen. Dieses Ergebnis verwundert die beiden Forscher selbst etwas. So kommentieren sie dies auf ihrer Website in etwa so: Ist es wirklich möglich, dass die besten Führungskräfte aus dem öffentlichen Unternehmenssektor kommen?

5.2 Neue Aufgaben, neue Strukturen, neue Herausforderungen, neue Führung?

Rasant und gleichermaßen besorgniserregend entwickelt sich unsere Arbeitswelt und damit auch unsere Arbeitsplätze, Arbeitsaufgaben, Arbeitsanforderungen und die Organisation im Unternehmen. Schon seit Jahren, und neuerdings verstärkt, liegen uns zahlreiche Studien für die „Zukunft der Arbeitswelt 2030" vor, die zum Teil drastische Veränderungen, z. B. im Bereich der beruflichen Tätigkeiten selbst, der Organisation von Unternehmen und der Führung von Mitarbeitern und der weitreichenden Flexibilisierung des Arbeitslebens prognostizieren.

Interessant ist die Untersuchung von Prof. Dormann von der Universität Mainz. Er führt an, dass Berufstätige in Deutschland zu wenig eigene Entscheidungs- und Handlungsspielräume haben, um den Herausforderungen der modernen Arbeitswelt gewachsen zu sein, dies auch vor dem Hintergrund, dass in rd. 15 Jahren wahrscheinlich Dienstleistungstätigkeiten bis zu 90 % der Tätigkeiten insgesamt ausmachen. Dies sei mit neuen Anforderungen und Belastungen für die arbeitende Bevölkerung verbunden. So ist für Dormann das Regulationsmanagement, also die Fähigkeit der Mitarbeiter zur Regulation der eigenen Gefühle, der Sicherheit, des Vertrauens und der Sympathie, eine neue Arbeitsanforderung. Ferner wird das Selbstmanagement für Mitarbeiter wichtig, d. h. eigene Entscheidungen auch am Arbeitsplatz treffen zu können, selbst Verantwortung übernehmen, eigene Ziele setzen und ihre Zeit selbst einteilen können. Damit wird es zukünftig auch zentrale Aufgabe des Bildungssystems in Deutschland sein, Selbstmanagement- und Selbstlern-Fähigkeiten noch stärker (Workload und Selbststudium) zu fordern und zu fördern. Auch eine neue Herausforderung für die Didaktik des deutschen Hochschulsystems.

Die digitalen Technologien wie z. B. mobile Arbeitsgeräte, Clouds und soziale Netzwerke ermöglichen darüber hinaus eine zeitliche und räumliche Flexibilisierung von Arbeit, so auch von vielen Mitarbeitern gewünscht und praktiziert. Diese Entwicklung führt dazu, dass die neue Arbeitswelt durch eine Entgrenzung von privatem und beruflichen Lebensbereich gekennzeichnet ist, mit neuen Belastungsherausforderungen für die Mitarbeiter und Führungskräfte.

Lässt sich die Arbeitswelt 2030 so charakterisieren?

- Alles ist digital?
- Die Konstante heißt Veränderung?
- Arbeits- und Privatleben sind nicht mehr zu trennen?
- Nur die Ergebnisse zählen?
- Selbststeuerung ersetzt Führung?

Von diesen Umwälzungen wird natürlich auch der Führungsalltag tangiert. Für die Vorgesetzten mit Mitarbeiterverantwortung nicht einfach, mit diesen neuen Anforderungen und Herausforderungen fertig zu werden. So kommen nicht nur Herausforderungen gesamtwirtschaftlicher Art durch z. B. Globalisierung, Digitalisierung, Künstliche Intelligenz, eine viel stärker vernetzte Weltwirtschaft, der Vormarsch asiatischer Länder wie

China oder Indien u. v. m. nicht nur auf die Führungskräfte, sondern auch auf die Mitarbeiter zu (fluide Grenzen). All dies ist zwischenzeitlich nichts Neues, neu ist, mit welcher Geschwindigkeit und auch Vielfältigkeit sich diese Entwicklung vollzieht und wie stark diese den Alltag von Führungskräften und Mitarbeitern längst mitbestimmt. Wer Führungsverantwortung trägt muss sich auf der einen Seite einem strengen globalen Wettbewerb und klar vorgegebenen Zielen beugen, sich andererseits den Interessen, Neigungen, Bedürfnisse, Ängste, aber auch den Wertvorstellungen der unterschiedlichen Generationen im Unternehmen stellen und dies in Zeiten des Gender, der Diversität und Quotierung. Veränderte Führungsqualitäten/-qualifikationen sind gefragt. Führungskräfte müssen heute stärker denn je in eine Vielzahl von Führungsrollen schlüpfen, einerseits Menschenfreund, Dirigent, Mentor, Moderator, Coach, Berater, Problemlöser sein, andererseits aber auch Partner, Integrationsfigur, Selbstmanager und Motivator, um nur einige Rollenerwartungen aus Literatur und Praxis zu nennen.

Welchen konkreten Herausforderungen müssen sich die Führungskräfte ferner aufgrund gesellschaftlicher und ökonomischer Veränderungen in der Zukunft stellen und welche Fragen gilt es zukünftig zu beantworten? Hierzu einige Beispiele zur Diskussion und zum Nachdenken in Sachen „Mitarbeiterführung":

- Führung im digitalen Zeitalter: Ständige Erreichbarkeit über WLAN, Smartphone, UMTS usw., verbunden mit fließenden Grenzen zwischen Beruf und Privatleben. Wie läuft

Mitarbeiterführung (virtuelle Führung) auf Distanz? Die Kommunikation und Mitarbeiterführung läuft überwiegend über Medien und erschwert den Aufbau vertrauensvoller Beziehungen. Anforderungen? Wie sieht das Arbeiten in virtuellen Teams aus? Welchen Stellenwert hat Mitarbeiterführung im Rahmen standardisierter Kommunikation?

- Homeoffice, Mitarbeiter erledigen ihre Arbeitsaufgaben am heimischen Arbeitsplatz, mit dem Tablet im Garten, auf der Parkbank, im Café usw. Der persönliche Kontakt nimmt stark ab, Tagesgespräche finden meist fernmündlich statt. Wie gestaltet sich Führung aus der Ferne?

- Tendenz zur agile Führung, einer neuen Denkrichtung, die von Führungskraft zu Führungskraft unterschiedlich ausgerichtet sein kann und sich auf verschiedenste Maßnahmen stützt, wie z. B. Entscheidungen hierarchisch nach unten verlagern, selbstorganisierte Teams statt einzelner direkt geführter Mitarbeiter, wie Mitarbeiter ausgesucht und weiterentwickelt werden (Fokus auf Handlungsfähigkeit) oder welche Kultur in einem Bereich herrscht, z. B. Vertrauen statt Kontrolle. Kollegiale Führung heißt, Führungsaufgaben auf viele Mitarbeiter verteilen im Vergleich zu zentralisierter Führung. Welche Auswirkungen hat dies auf die Mitarbeiter und die Führungskräfte?

- Führung der jüngeren Generationen Y (Millennials) und Z, letztere geboren ab 1995. Diese „Digital Natives" drängen in die Arbeitswelt, „ticken anders", müssen kommunizieren lernen. Es handelt sich hier um Mitarbeiter, die mit digitalen Technologien bestens vertraut und im digitalen Zeitalter aufgewachsen sind. Was heißt dies für die Vorgesetzten und die Mitarbeiterführung?

- Führung von internationalen Teams an den verschiedensten Standorten des Unternehmens welt- bzw. europaweit. Eine Form der Führung von Mitarbeitern auf Distanz, von internationalen Projektteams mit unterschiedlichsten Sprachen und Kulturen. Mit Hilfe neuer Technologien ist es möglich, mit Teams anderer Nationen spielend zu kommunizieren. Delegation von Führungsaufgaben auf Teams und Projektgruppen. Dabei kann sich kulturelle Vielfalt als Segen oder als Fluch erweisen. Dies erfordert, dass sich alle Teammitglieder kennen, dabei kann sich aus individuellen Beiträgen ein gemeinsamer Wissenspool ergeben. Der Vorgesetzte muss die Machtdynamik im Auge behalten, das Spektrum der unterschiedlichsten Sichtweisen, Kenntnisse und Fähigkeiten berücksichtigen und kulturelle Unterschiede beachten. Wie wirkt sich dies auf die Mitarbeiterführung aus?

- Führung eines „Taubenschlags": Mitarbeiter in Teilzeit und Vollzeit, Zeitarbeitskräfte, Mitarbeiter in und nach der Elternzeit, im Sabbatical, Praktikanten, Werksstudenten, Auszubildende, Rückkehrer und Rentner mit zweitem und drittem Job usw. Wie sichern wir Teamstrukturen und die Zusammenarbeit durch dieses ständige Kommen und Gehen? Was heißt dies für die Mitarbeiterführung?

- Führung einer alternden Mitarbeiterschaft: Lebensarbeitszeit derzeit bis 67 Jahre, Modelle bis 69 bzw. 70 Jahre werden bereits diskutiert. Diese Mitarbeiter sind oft Gewohnheitsmenschen, scheuen sich vor Veränderungen. Wie nehmen wir diese Mitarbeiterschaft mit, wie binden wir diese weiterhin ein und motivieren sie? Was bedeutet dies für die Führungskräfte und die Mitarbeiterführung?

- Führung in persönlichen Krisenzeiten der Mitarbeiter: Hohe Arbeitsbelastung, flexible Arbeitsplätze, Zeitdruck, Zielerreichungsdruck, Born out, Hörsturz und Depressionen führen zu persönlichen Instabilitäten. Hinzu kommen dynamische Lebenswelten wie hohe Scheidungsquoten, Zunahme von Singlehaushalten, Patchworkfamilien, Arbeitslosigkeit usw. Fragen der Stärkung und besonderen Führung von Mitarbeitern in Krisenzeiten.

- Teilzeitführung im Sinne einer lebensphasenorientierten Arbeitszeitplanung insbesondere für Frauen (Topsharing), z. B. teilen sich zwei Führungskräfte die Führungsverantwortung oder weibliche Führungskräfte arbeiten an 3 Tagen in der Woche (Führung in Teilzeitform). Dabei sind derzeit rd. 85 % der Teilzeitführungskräfte weiblich. Welche Auswirkungen hat dies auf die Mitarbeiter und die Führungskräfte in Teilzeitform?

- Wie führt sich der Vorgesetzte selbst? Erfolgsdruck, Arbeitsbelastung, ständige Präsenz für die Mitarbeiter durch die modernen Kommunikationstechnologien drängen in private Lebensräume auch der Familien. Wie halte ich als Vorgesetzter meine Work-Life-Balance? Wie organisiere ich mich selbst? Wie manage ich mich selbst, Zeit, Gesundheit, Ängste, familiäre Probleme usw. Wie sieht mein Emotions- und Selbstmanagementsystem aus?

5.3 Digitalisierung, künstliche Intelligenz und Mitarbeiterführung

Digitalisierung, digitale Transformation, Digital Leadership, Künstliche Intelligenz (KI) oder Artificial Intelligence (AI) sind heute Begriffe einer zunehmend vernetzten Welt. Hier sind wir alle gefordert.

Interessant ist, dass unsere Politik die Digitalisierung nahezu ausschließlich als technisches Problem begreift und sich sehr wenig um die Frage nach der Wettbewerbsfähigkeit deutscher Unternehmen in Sachen Digitalisierung und dem Kennenlernen und der Anwendung dieser technischen Welt für die betroffenen Adressaten bemüht. Digitalisierung heißt nicht nur Hardware, sondern viel mehr Software, sprich die frühzeitige und stärkere Einbindung der davon Betroffenen, der Umgang damit, das Aufzeigen von Chancen aber auch Risiken u. v. m. Die Digitalisierung muss dabei als eine gesamtgesellschaftliche Herausforderung gesehen werden, die auch der politischen Gestaltung bedarf. Hierzu bedarf es einer Vielzahl von Konzepten und Strategien, vor allem wenn wir einerseits den Nutzen, andererseits die Auswirkungen erkennen wollen. Die Digitalisierung dringt in alle sozialen Lebensbereiche vor in das Auto, in die Wohnung der Bürger, in Freundschaften und Bekanntschaften, in die Arbeit, in die Unternehmen und auch in die sozialen Beziehungen der Bürger.

Wie heißt es doch so schön in der Managementliteratur: „**Structure follows strategy**", ein von Alfred J. Chandler jr. in den 60er Jahren aufgestellter Leitsatz der Wirtschaftswissenschaften, der auch heute noch hohe Aktualität besitzt. Dies trifft auch hier zu: Die Organisationsstrukturen für Digitalisierung in allen Lebensbereichen sollten so gestaltet sein, dass sie die Umsetzung der Strategie Digitalisierung unterstützen. Hierzu gibt es noch erheblichen Nachholbedarf.

Im Zusammenhang mit der Mitarbeiterführung wird das Thema „Digital Leadership" besonders zu berücksichtigen sein, doch steckt es in deutschen Unternehmen noch in den Kinderschuhen. Selbst im digitalen Zeitalter werden Vorgesetzte gebraucht, die das Führungsinstrumentarium beherrschen, sowohl im direkten als auch im indirekten Kontakt mit den Mitarbeitern, allerdings unter zum Teil erheblichen Veränderungen und Voraussetzungen. Die Organisation wird sich ändern, ebenso die Art der Zusammenarbeit und die Art der Arbeit, Inhalte werden sich ändern und auch die Art und Weise der Führung. Bestimmte Führungsinstrumente fallen weg, andere werden intensiviert. Alles noch sehr hypothetisch, da noch zu wenige Erfahrungen und Konzepte vorliegen. Google und Microsoft Deutschland werden hier sehr häufig als praktische Beispiele digitaler Führung genannt.

Facetten der Digitalkompetenzen insbesondere für Führungskräfte sind dabei (Hays HR-Report) technisches Verständnis, Analysefähigkeit, konstruktiver Umgang mit Daten und die Fähigkeit zur Anpassung an Veränderungen, interdisziplinäres Denken, flexibles Führen auf Distanz, Vertrauenskultur und hohe Lern- und Veränderungsbereitschaft (individuelles und selbstorganisiertes lebenslanges Lernen).

In Sachen Führung im digitalen Zeitalter werden vier Bereiche identifiziert, die sich verändern/erweitern werden: **Skills** (Fähigkeiten von Führungskräften), Styles (Führungsstile), Areas for Action (Anwendungsbereiche der Führung) und Tools (Führungsinstrumente). Bei den Fähigkeiten, den Skills, zeigt sich für die Zukunft, dass die Kombination von sozialen und technischen Fähigkeiten in der digitalen Führung besonders wichtig sein wird. **Styles**, also Führungsstile, bedingen im Rahmen digitaler Führung keiner großen Weiterentwicklung, so die Forscher, es kommt vielmehr zu einer Neuinterpretation bestehender Ansätze in Sachen kooperative und situative Führung. Anwendungsbereiche der Führung (**Areas for Action**) liegen in der Schaffung und Ermöglichung von z. B. mehr Freiraum für die Mitarbeiter, insbesondere im Bereich arbeiten, lernen und Weiterbildung, mehr Verantwortung, auch Führungsverantwortung für Mitarbeiter, mehr Eigenständigkeit fördern. Die Führungsinstrumente, die **Tools**, beziehen sich auf die Potenziale, die Intensivierung und Veränderung des Führungsverhalten.

Die Fa. McKinsey in Kooperation mit dem Stifterverband haben in ihrer jüngeren Publikation (2018) ein Future-Skills-Framework beschrieben, in der digitale Kompetenzen/Skills im Rahmen einer eigenständigen Kategorie benannt werden. Dabei werden technologische Fähigkeiten (z. B. Datenanalyse), klassische Fähigkeiten wie z. B. Problemlösungsfähigkeit, Teamfähigkeit sowie digitale Grundfähigkeiten wie z.B. Online-Kanäle bewältigen, Teamarbeit über Raum und Zeit, agiles Arbeiten, Wissen über digitale Informationen selbständig aufbauen, beschrieben, die für einen Zeitraum der nächsten 5–10 Jahre relevant sein können.

Ähnlich mit der Künstlichen Intelligenz (KI) als Motor und wichtiger „Treiber" der Digitalisierung, wenn Menschen Robotern und Maschinen unterliegen und Algorithmen die Oberhand gewinnen. Wenn künstliche Neugierde und Gefühle auf Rechner implementiert werden, Maschinen, die sich selbst reproduzieren und kognitiv dem Menschen überlegen werden. Führt dies zu einer Armut im Geiste, was passiert mit der Arbeitswelt und dem Selbstwertgefühl des Menschen? Noch unvorstellbare Szenarien, die von vielen Wissenschaftlern wie Schmidhuber und Walsh diskutiert und prognostiziert werden. Eine große Herausforderung auch für die Personalarbeit im Unternehmen.

Aufgrund dieser genannten möglichen zukünftigen Veränderungen gibt es insbesondere auch für den Bereich HR-Management eine Vielzahl von Herausforderungen, so insbesondere in den Bereichen Personalplanung, -rekrutierung, -entwicklung, ferner in Feldern wie Ausbildung, Weiterbildung und Mitarbeiterförderung sowie im Personalmarketing(Ausbildungs- und Hochschulmarketing) und in der Personaladministration/-verwaltung. Diese Funktionsbereiche des HR bieten dabei ein großes Digitalisierungspotenzial.

Die Mitarbeiter und Führungskräfte fit machen für eine veränderte und neue Arbeitswelt. Mitarbeiter mit digitalem Knowhow werden zukünftig benötigt, um die digitale Transformation in den Unternehmen zu gestalten. Dafür ist es wichtig, den

Mitarbeitern Orientierung zu vermitteln in Form von positiven Vorstellungen zu gemeinsamen Zielen, die Eigenständigkeit zu fördern, indem diese stärker in Entscheidungen eingebunden werden sowie deren Umsetzung und Aufgaben selbständig erledigen zu können, Mitarbeiter zu unterstützen, sie zu stärken und zu befähigen. Somit ändern sich auch die Anforderungen an die Führungskräfte.

Wie sagte schon Mark Twain, der dieses Ansinnen früher schon so formulierte:

> „Man kann die Welt oder sich selbst ändern,
> das zweite ist schwieriger."

Trotzdem: Gute Führung und kompetente Führungskräfte auch mit digitaler Kompetenz werden gerade jetzt noch wichtiger als bisher, so auch die Meinungsbildung in Literatur und Praxis. Halten wir es in diesem Zusammenhang mit der Lebensweisheit des deutschen Schriftstellers Johann Gottfried Seume, 18. Jh., der sagte:

> „Wer die anderen neben sich
> klein macht, ist nicht groß."

Denken wir zum Abschluss an eine Anmerkung in Sachen Mitarbeiterführung von Prof. Lutz von Rosenstiel, die fortwährend immer noch Gültigkeit hat: Führung durch Befehl wird zu einem Relikt. Gesucht wird zukünftig derjenige, der durch vorbildliches Verhalten, authentische Umgang mit anderen und kommunikativer Kompetenz selbstbewusst Spezialisten **auch unter veränderten Bedingungen (Digitalisierung und KI, Wertewandel und demographische Entwicklung)** zu koordinieren weiß, der sie gleichzeitig fördert, ihnen Perspektiven aufzeigt und sie dadurch motiviert und qualifiziert.

Peter F. Drucker, ein amerikanischer Managementguru meinte, und dies trifft auch auf die vielen neuen Herausforderungen in Gesellschaft und Wirtschaft zu:

> **„Wir können die Zukunft nicht voraussagen, aber wir können sie gestalten."**

Während der bekannte französische Chemiker und Physiker Louise Pasteur, 19. Jh., dies so formulierte:

> **„Das Glück lacht denen, die vorbereitet sind."**

Verwendete und empfehlenswerte Literatur:

Bär, Ch. u. a. (Hg.): Digitalisierung im Spannungsfeld von Politik, Wirtschaft, Wissenschaft und Recht, Berlin 2018

Buxmann, P./Schmidt, H. (Hg.): Künstliche Intelligenz – mit Algorithmen zum wirtschaftlichen Erfolg, Berlin 2019

Dorozalla, F./Milan, F. K.: Digital Leadership – Status quo der digitalen Führung, in: Groß, M. u. a.: Zukunftsfähige Unternehmensführung, Berlin 2019, S. 89–103

Eberhard, D./Majkovic, A. L.: Die Zukunft der Führung, Berlin 2015

Fend, L./Hofman, J.: Digitalisierung in Industrie-, Handels- und Dienstleistungsunternehmen, Berlin 2018

Groß, M. u. a. (Hg.): Zukunftsfähige Unternehmensführung, Berlin 2019

Grote, S.: Die Zukunft der Führung, Berlin 2012

Haufe-News vom 10.5.2017 Führungspersönlichkeit unter www.haufe.de/personal/hr-management/Führungspersönlichkeit-und-verhalten (abgerufen am 10.10.2019)

Hofert, S.: Agiler Führen, Wiesbaden 2017

IW-Consult: Anforderungen der Digitalen Arbeitswelt, Köln 2018

Kaschek, B./Schumacher, I.: Führungspersönlichkeiten und ihre Erfolgsgeheimnisse, Berlin 2015

Kemper, J.: Aufbruch in die neue Arbeitswelt, Stuttgart 2019

Koeder, K. W.: After Work Life Balance, in: WiP-Journal Heft 1/2019, S. 1–10

Koeder, K. W.: Studieren lernen, München 2019

Lehky, M.: Leadership 2.0, Frankfurt 2011

Lieske, C.: Digitalisierung im Bereich Human Resources, in: Fend, L./Hofman, J.: Digitalisierung in Industrie-, Handels- und Dienstleistungsunternehmen, Berlin 2018, S. 139–148

Lorenz, M.: Digitale Führungskompetenz, Wiesbaden 2018

Maxwell, J. C.: Charakter und Charisma, Gießen 2017

Müller, S.: Virtuelle Führung, Berlin 2017

Neubarth, A.: Führungskompetenz aufbauen, Wiesbaden 2011

Pose, U.: Von der Führungskraft zur Führungspersönlichkeit, Berlin 2016

Precht, R. D.: Jäger, Hirten, Kritiker: Eine Utopie für die digitale Gesellschaft, München 2018

Scheungraber, S.: Die charismatische Führungspersönlichkeit, Baden-Baden 2019

Schwuchow, Kh./Gutmann, J.: HR-Trends 2018, Freiburg 2017

Tector, M.: Zukunftstrends – ein Überblick, Norderstedt 2018

Walsh, T.: 2062: Das Jahr, in dem die künstliche Intelligenz uns ebenbürtig sein wird, München 2019

Walsh, T.: Wie künstliche Intelligenz unser Leben verändern wird, Hamburg 2018

Werther, S./Bruckner, L.: Arbeit 4.0 aktiv gestalten, Berlin 2018

Widuckel, W. u. a.: Arbeitskultur 2020, Berlin 2015

www.uni-mainz.de/presse (Zukunft der Arbeitswelt)

www.bi.edu/reseach/business-review/Articels/personality-for-leadership

www.glassdoor.de und www.business-punk.com, vom 14.11.2019

6. „Modernes Führungsverhalten"

Abschließend hierzu noch einige Beispiele aus der ironischen Ecke der Mitarbeiterführung und des Vorgesetztenverhaltens. Diese sollen zum Lächeln beflügeln, der Hintergrund ist oftmals viel ernster als man auf den ersten Blick vermuten würde, sie sind aber heute leider sehr häufig erlebtes und gelebtes Führungsverhalten bzw. Führungsgebaren.

Management by Crocodile:
Bis zum Hals im Dreck stecken –
aber das Maul groß aufreißen.

Management by Helicopter:
Über allem schweben, von Zeit zu Zeit
auf den Boden kommen,
viel Staub aufwirbeln und dann
wieder ab in die Wolken.

Management by Jeans:
An allen wichtigen Stellen sitzen die größten Nieten.

Management by Margerite:
Entscheidungsfindung nach System:
Soll ich – soll ich nicht?

Management by Ping-Pong:
Jeden Vorgang solange hin- und herleiten,
bis er sich von selbst erledigt hat.

Management by Robinson:
Warten auf Freitag!

Management by Champignons:
Alles im Dunkeln lassen.
Wenn sich hier und da ein Kopf zeigt,
sofort abschneiden.

Management by Chaos:
Es wird ohne Plan und Ziel vor sich hingearbeitet.

Management by Bonsai:
Jede Initiative der Mitarbeiter wird sofort beschnitten.

Management by Dezibel:
Überzeugen durch Lautstärke, statt durch Argumente.

Management by Echo:
Der Chef wiederholt nur, was sein Chef ihm gesagt hat
(Yes-Man).

Management by Egg:
Sorgfältig behandeln und bei Bedarf in die Pfanne hauen.

Management by Friedhofsgärtner:
Hat viele Leute unter sich,
aber zu keinem richtigen Kontakt.

Management by Nilpferd:
Selber bis zum Hals im Dreck stecken, ab und zu das Maul
weit aufreißen und dann abtauchen.

Management by Staubsauger:
Der Chef surrt den ganzen Tag herum und
kümmert sich um jeden Mist.